cozinha natural gourmet
a culinária de Tatiana Cardoso e o restaurante Moinho de Pedra

cozinha natural gourmet
a culinária de Tatiana Cardoso e o restaurante Moinho de Pedra

fotografias Romulo Fialdini

DBA

sumário

9 **natural gourmet**

23 **receitas**
- arroz integral 24
- risotos 32
- cozidos com grãos 38
- cozidos especiais 44
- grãos nobres 48
- saladas 60
- massas 70
- tortas e terrines 80
- assados 88
- pratos feitos 96
- sobremesas 102
- sobremesas sem açúcar 120
- receitas básicas 128

131 **uma festa vegetariana**

natural gourmet

Natural Gourmet
por Tatiana Cardoso

Quem somos nós

"Natural? Tudo bem! Mas não tem frango nem peixe? Só vegetais?"

A reação das pessoas à comida vegetariana é sempre a mesma – um misto de surpresa e desânimo porque acreditam que comerão algo sem sabor e sem graça.

Muito desse senso comum tem fundamento. Grande parte da culinária vegetariana praticada no Brasil está muito longe da boa gastronomia; ela parece ter sido concebida apenas para curar e nutrir. Nada de errado nisso, mas o que precisa de nutrição é não só o corpo, como também os sentidos.

O Moinho de Pedra nasceu com uma proposta diferente: gerar felicidade e prazer no ato de alimentar-se. Nossa história começa em 1977, quando minha mãe, após ter passado por vários problemas de saúde, resolveu adotar uma dieta naturalista com a ajuda de um homeopata japonês. Nessa ocasião, passamos a conhecer o mundo da alimentação natural e mudamos nossos hábitos.

Em 1993, criamos nosso próprio entreposto, aproveitando melhor um belo jardim que tínhamos nos fundos de uma casa alugada. Lá eram servidos sucos e sanduíches naturais. Aos poucos, começamos a preparar arroz integral, sopas e cozidos. Os clientes gostaram, e a frequência aumentou.

Cinco anos depois, fui para Nova York aperfeiçoar o aprendizado. Durante seis meses, estive em contato com o que havia de melhor em culinária vegetariana. Foi quando, pela primeira vez, percebi que ela poderia aliar-se à alta gastronomia. Seguiram-se estágios em São Francisco, de novo Nova York e Colorado.

De lá para cá, a culinária Natural Gourmet do Moinho de Pedra foi polida e amalgamada com um toque bem brasileiro. Hoje, praticamos uma cozinha natural de estilo próprio, com personalidade e consistência, sem cópias ou referências externas. Reconhecida por prêmios e, o que é mais importante, pelos clientes.

O resultado de tal polimento, eu trago para vocês neste livro. Ele mistura vários ingredientes que são parte do Moinho de Pedra: muito trabalho e dedicação, a paixão pela culinária, a busca da saúde, o carinho no preparo dos alimentos e o respeito ao cliente.

No que acreditamos

Acreditamos que é possível a busca da saúde por meio dos alimentos. Que o resgate do bem-estar do homem contemporâneo passa pelo prazer de degustar um belo prato sem a necessidade de alimentos industrializados e tampouco de proteína animal.

Também compartilhamos – felizmente, e cada vez mais – a preocupação em preservar o planeta Terra e, consequentemente, a vida humana e animal.

Isto nos inspira diariamente a criar, praticar e difundir uma gastronomia vegetariana inventiva, solta, leve, gostosa, cheia de charme e humor, que preza a estética não só no prato, mas também no ambiente e na decoração.

Estamos conscientes de que as pessoas somente se renderão a essa culinária se ela trouxer consigo prazer e boa experiência aos olhos, ao olfato e, sobretudo, ao paladar. O ritual gastronômico se compõe também do perfume dos pratos que saem da cozinha.

Melhor ainda quando essa culinária carrega consigo a boa nutrição com embasamento científico, acarretando mais saúde. A culinária Natural Gourmet une prazer a saúde. Temos aí um casamento perfeito.

A ideia de combinar sabor com saúde não é minha. A natureza executa isso com perfeição ao nos oferecer os alimentos integrais. Somos tanto mais inteligentes quanto mais consumimos alimentos próximos da origem, pois estes são mais equilibrados e saborosos.

Tatiana e Marcia Cardoso, filha e mãe, criadoras do Moinho de Pedra

Nos alimentos integrais, os elementos vitais vêm perfeitamente balanceados, em quantidade e qualidade ideais para o ótimo funcionamento da máquina humana. Dessa maneira, nosso organismo assimila à perfeição os nutrientes, obtendo a saúde plena.

O que valorizamos no alimento

São milhares de ingredientes, todos fornecidos pela natureza. Milhares de combinações e preparos que oferecem sabores raros e inusitados e nos surpreendem pelas características saudáveis e nutritivas.

A culinária do Moinho de Pedra é apenas uma amostra de todas essas possibilidades. Nós nos permitimos transitar livremente pela simplicidade e riqueza dos alimentos, buscando nas mais variadas combinações revelar os mistérios que a pureza dos frutos da terra contém.

Nossa culinária redescobre ingredientes como castanhas, sementes e grãos integrais e as diversas frutas, que harmonizam diferentes cores e formas em pratos e sobremesas, tornando-os verdadeiras obras de arte da natureza. Valorizamos também a produção diária, empregando alimentos frescos, preferencialmente orgânicos e sazonais. Afinal de contas, nossas avós não congelavam alimentos e tampouco tinham acesso aos industrializados. Por isso, alimentavam-se de forma muito mais saudável. Seus alimentos não sofriam adição de corantes, conservantes, acidulantes e outros *antes* cujos efeitos a maioria absoluta das pessoas desconhece por completo.

Além dos ingredientes, o que diferencia essa culinária são as técnicas de preparo. A utilização mínima de gordura no calor da panela, as marinadas em azeites puros para todo tipo de vegetal, os legumes inusitadamente *in natura*, o vapor para o cozimento de tubérculos e hortaliças, o saltear tão rápido que permite manter quase intactas as texturas, os minerais e as vitaminas de verduras e legumes, o lento cozimento dos grãos para maior cremosidade. Técnicas que, aliadas aos temperos e especiarias, resultam em paladares surpreendentes e cheios de delicadeza.

Nosso fundo de sabor vem de caldos frescos e ecológicos, 100% feitos com partes de hortaliças que em geral se descartam por ser consideradas demasiado fibrosas. Nossa cozinha procura aproveitar integralmente o alimento, eliminando desperdícios, pois talos, raízes, caules, cascas e folhas são ricos em fibras, ferro, ácido fólico e sais minerais.

A higienização – como em toda cozinha – deve ser rigorosa, com muita luz natural para lavagem de verduras, sobretudo ao utilizar orgânicos. O pré-preparo nos cortes precisa ser bastante minucioso. Os grandes cortes em diagonal concedem estética aos vegetais para os cozidos. Os delicados floretes do brócolis e da couve-flor, cortados sempre no mesmo tamanho e espessura,

trazem delicadeza aos grãos e saladas. O fino trato das ervas na lavagem, secagem e corte é indispensável.

As especiarias levam ao paladar etnias que se misturam, globalizando sabores com critério e diversão. Como resultado, temos pratos em que cada ingrediente é percebido individualmente. E, no todo, são complementares e harmônicos.

Equilíbrio no prato

Como devemos equilibrar nosso prato? Do ponto de vista nutricional, a regra básica de um prato naturalista-vegetariano é sempre conter como grão principal o arroz integral, somado a uma leguminosa, que pode ser feijão, grão-de-bico, lentilha, ervilha, fava etc. Tal casamento é perfeito, pois esses alimentos se completam nutricionalmente em aminoácidos essenciais. Ingerindo de forma combinada o cereal e a leguminosa, tem-se a proteína perfeita.

É imprescindível acrescentar ao prato uma verdura escura, como brócolis, escarola, mostarda, couve, espinafre, rúcula etc., pois são extremamente ricas em ferro, ácido fólico, fibras, vitaminas A, C e E, complexo B e, principalmente, proteína.

Outro fator muito importante é consumir salada crua. A crocância das folhas inaugura uma refeição com tanta leveza que podemos comer dois pratos de salada e ainda assim estar prontos para o prato principal. Devemos ingerir no mínimo 30% de alimentos crus às refeições. A importância deles se deve à presença de enzimas, fibras, vitaminas, minerais e clorofila, que são vitais para a manutenção da saúde plena, pois promovem a vitalidade.

Em nossos pratos, podemos também incluir como fonte proteica laticínios – queijos, iogurte, ricota, que podem vir em recheios e coberturas de tortas, crepes e quiches. Mas não lhes damos muita ênfase: além de terem excesso de proteína saturada, a qualidade de sua matéria-prima está muito comprometida, visto que hoje o leite tem elevado teor de hormônios e antibióticos, comprovadamente nocivos à saúde.

Portanto a proteína em nosso prato é mais bem-vinda quando se origina das verduras e das leguminosas, assim como das castanhas, do tofu, dos cogumelos e das sementes. A soma desses alimentos, ditos funcionais, faz de nosso prato a combinação perfeita para nos sentirmos plenamente nutridos e saciados por muito mais tempo.

O homem integral
Se olharmos para o homem contemporâneo, veremos que ele é cada vez menos integral e menos equilibrado. Estamos num mundo fragmentado, com pessoas fragmentadas que se desconectaram das coisas simples da vida em todos os sentidos.

O homem busca no consumo desenfreado a felicidade e o bem-estar, e, quando essa fome não é preenchida, ele se torna refém de tal armadilha, esquecendo-se de que a felicidade está nos verdadeiros sentimentos de amor e amizade. Na culinária, acontece o mesmo: os alimentos integrais nutrem nosso corpo de forma plena; já os industrializados nos impingem uma falsa noção de saciedade.

A rápida elevação da glicemia causada pelo açúcar e refinados nos proporciona uma energia vazia que logo se esvai, tal qual se dá no consumo de bens materiais, em que temos a necessidade de comprar mais e mais para nos sentirmos felizes de novo.

O consumo compulsivo produz uma falsa sensação de felicidade. Todos precisamos do alimento integral para a alma. Ninguém está aqui para condenar o conforto de uma bela casa, de um carro e de tudo aquilo de bom e merecido que o dinheiro nos traz – mas isso tudo só tem sentido quando lhe damos a medida certa em nossas vidas.

Outra característica de nossos tempos é a rapidez, que está presente em tudo. Em qualquer lugar, há telefones e *wireless* para nos comunicarmos com quem e onde quisermos. Cada vez mais, temos acesso a tecnologia que nos proporciona mais tempo – só que o tempo parece diminuir sempre.

Na alimentação, agimos da mesma forma: abrimos o pacote de lasanha, e depressa o microondas libera nosso jantar!

O homem integral é aquele que olha para si mesmo e para o que está a sua volta. Independentemente da classe social ou econômica, esse homem tem ideias próprias a respeito de tudo que o cerca, e sua principal característica é questionar – não obedece simplesmente a padrões coletivos de conduta, ditados pela mídia, pela indústria, pela moda, pelas tendências. Tem seu próprio padrão de vida, e suas escolhas se baseiam em suas crenças, em sua cidadania e, sobretudo, na importância de seu papel para o futuro do planeta, respeitando o próximo e a natureza. Ele utiliza a água e a energia conscientemente e sabe do que está se alimentando – filtra as informações que recebe, sempre julga criticamente não só os alimentos que a indústria vende pela mídia, mas também tudo que os meios de comunicação dizem ser "verdade" acerca deles. Sobretudo, é muito cuidadoso com o que compra e deixa entrar em sua casa.

Esse homem pratica tanto quanto possível o consumo responsável, nos bens em geral e nos alimentos em particular.

Ele exerce o quanto lhe for possível a reciclagem do lixo e sabe que isso faz toda a diferença para o nosso planeta, que já pede socorro.

Consome carne com moderação e amplia seu paladar sem preconceitos, arriscando-se sempre a novas descobertas e mudanças positivas de hábitos de consumo. É certamente presenteado pela descoberta de novos sabores e das variedades infinitas que a natureza oferece e que a culinária naturalista traduz com sabedoria.

Não há dúvida de que o corpo desse homem agradece e responde com saúde, beleza e qualidade de vida. Ele sabe que, ao consumir alimentos orgânicos, estimula o pequeno produtor de sua comunidade, contribuindo para terras mais saudáveis e, melhor ainda, garantindo a qualidade das águas dos mananciais que lindamente regam o planeta. Tudo isso reforçando a saúde ao consumir alimentos isentos de pesticidas, agrotóxicos e outros produtos químicos.

Cresce a cada dia o número de pessoas assim, que com muita inteligência, sensibilidade e civilidade praticam tais princípios no cotidiano e visam a um mundo melhor para todos – o planeta e as gerações presentes e futuras.

A culinária Natural Gourmet

O homem contemporâneo está sem saúde, mas não quer abrir mão do prazer que a boa cozinha pode oferecer.

Acreditamos que a culinária Natural Gourmet seja a culinária do futuro porque ela une duas ideias – o sabor da gastronomia e a saúde do organismo – e ainda se compromete com a preservação do planeta.

Ao consumi-la e deixar-se seduzir por seus sabores e diversidades, você com certeza ampliará positivamente o paladar, diversificando o cardápio diário e incluindo mais saúde e sabores novos.

Com o passar do tempo, sua necessidade proteica diminuirá de modo natural, e o corpo exibirá sinais de contentamento. A digestão se dará de outra maneira, o intestino funcionará todos os dias com uma regularidade incrível, e a pele se verá livre de marcas e espinhas. Até mesmo o humor fluirá mais facilmente.

Reiteramos: essa culinária representa a verdadeira nutrição e equilíbrio para o corpo e a alma.

receitas

Arroz integral

rendimento: 4 porções

1 xícara de arroz cateto integral (de preferência da marca Volkmann)
2 xícaras de caldo de legumes (ver p. 128)

☺ Lave o arroz passando duas vezes por água corrente e esfregando com as mãos para retirar as impurezas. Coloque o arroz na panela de pressão com o caldo de legumes (o caldo deve estar um dedo acima da medida de arroz). Feche a panela e leve ao fogo. Quando começar a apitar, abaixe o fogo e cozinhe por 20 minutos. Desligue e deixe a panela perder a pressão naturalmente. O arroz deverá estar al dente.
☺ **Com gersal** Numa frigideira, toste 10 colheres de sopa de semente de gergelim. Quando as sementes começarem a estalar, vire com espátula para que tostem por igual. Passados 2 minutos, desligue o fogo e bata as sementes com 1 colher de sopa de sal marinho no liquidificador. Veja se todas as sementes foram processadas e, se necessário, bata um pouco mais. Guarde o gersal em embalagem fechada. Na hora de servir, polvilhe sobre o arroz integral. ☺ **Com linhaça dourada** Numa frigideira, toste 2 colheres de sopa de semente de linhaça dourada por 2 minutos, mexendo para que tostem por igual. Bata no liquidificador com 1/2 colher de chá de sal marinho até que as sementes estejam parcialmente moídas. Na hora de servir, polvilhe sobre o arroz integral.
☺ **Com bardana** Salteie a bardana conforme procedimento da p. 29. Sirva com arroz integral.

arroz integral

Arroz integral com tomate e abobrinha marinada

rendimento: 4 porções

1/2 xícara de abobrinha brasileira em rodelas de
0,5 cm de espessura cortadas em meias-luas
2 colheres (sopa) de azeite de oliva extravirgem
1 colher (chá) de ciboulette picada finamente
3/4 de colher (chá) cheia de sal marinho
1 xícara de arroz cateto integral (de preferência da marca Volkmann)
2 1/2 xícaras de caldo de legumes (ver p. 128)
1 colher (chá) cheia de cebolinha (parte branca) picada
1/4 de colher (chá) de pimenta rosa moída
4 tomates, sem pele e sem semente, cortados em 8 gomos
2 colheres (sopa) de folhas de manjericão
1 colher (chá) cheia de folhas de salsinha crespa picada

☻ Numa tigela pequena e funda, junte a abobrinha, 1 colher de sopa de azeite, a ciboulette e 1/4 de colher de chá do sal. Deixe marinar por 1 hora em temperatura ambiente. ☻ Cozinhe o arroz integral com 2 xícaras do caldo de legumes conforme procedimento descrito na p. 24, mas diminua o tempo de cozimento para 10 minutos e retire a pressão imediatamente para interromper o cozimento. ☻ Numa frigideira grande, coloque o azeite restante, a cebolinha e a pimenta e salteie por 10 segundos. Junte o tomate e metade do manjericão e salteie por mais 5 minutos. Abaixe o fogo, tampe a frigideira e cozinhe por mais 5 minutos. Acrescente o arroz integral e mexa com colher de pau para que todos os grãos fiquem misturados e o amido se desprenda com mais facilidade. Adicione a 1/2 xícara do caldo de legumes e o sal restantes. Cozinhe, mexendo sempre, por mais 5 minutos ou até que o caldo tenha evaporado e o arroz adquirido consistência cremosa. Desligue o fogo, junte a abobrinha com o azeite da marinada, as folhas de manjericão restantes e a salsinha. Se desejar, regue com azeite. Sirva imediatamente.

Arroz integral com verduras, sementes e molho agridoce

rendimento: 6 porções

Molho

1 colher (sopa) de gengibre picado finamente
1 1/2 colher (chá) de alho picado
2 colheres (chá) de melado de cana
2 colheres (sopa) de molho de soja
2 colheres (sopa) de saquê seco
1 colher (sopa) de vinagre de arroz

Arroz

1 colher (chá) de semente de mostarda
1 colher (sopa) de semente de linhaça dourada
2 xícaras de arroz cateto integral (de preferência da marca Volkmann)
4 xícaras rasas de caldo de legumes (ver p. 128)
1 colher (chá) de azeite de oliva extravirgem
1 xícara de brócolis em floretes médios
2 xícaras de repolho-roxo em tiras médias
1 xícara de ervilha-torta em pedaços de 1 cm cortados em diagonal
1 colher (chá) de óleo de gergelim prensado a frio

☺ **Molho** Numa panela, junte os ingredientes e leve ao fogo. Quando ferver, abaixe o fogo e cozinhe por 5 minutos. Reserve. ☺ **Arroz** Numa frigideira, toste a semente de mostarda em fogo alto por 2 minutos ou até que comece a pipocar e esteja morena. Reserve. ☺ Toste a semente de linhaça dourada em fogo baixo, misturando sempre, por 1 minuto (a semente não deve pipocar, apenas aquecer). Reserve. ☺ Cozinhe o arroz integral com o caldo de legumes conforme procedimento descrito na p. 24, mas diminua o tempo de cozimento para 10 minutos e retire a pressão imediatamente para interromper o cozimento. ☺ Numa frigideira ou wok, coloque o azeite e salteie os brócolis por 1 minuto. Tampe e cozinhe por 1 minuto. Acrescente o repolho-roxo e salteie por mais 1 minuto. Junte a ervilha-torta e salteie por mais 1 minuto. Acrescente o molho, o arroz e a semente de mostarda e cozinhe, mexendo sempre, por cerca de 2 minutos, até que o molho reduza um pouco. ☺ Desligue o fogo, regue com o óleo de gergelim e polvilhe com semente de linhaça dourada. Sirva imediatamente.

Arroz integral com arroz selvagem, pera e laranja kinkan ao perfume de limão

rendimento: 4 a 6 porções

1/4 de xícara de laranja kinkan em rodelas cortadas em meias-luas
1 pera madura mas firme com casca, em lâminas de 0,5 cm de espessura
1 xícara de arroz cateto integral (de preferência da marca Volkmann)
2 1/2 xícaras de caldo de legumes (ver p. 128)
1 xícara de arroz selvagem
2 colheres (sopa) de azeite de oliva extravirgem
1/2 xícara de alho-poró (partes branca e verde-clara) em rodelas bem finas
raspa de 1 limão
1 colher (sopa) de uva-passa branca deixada de molho em água fria por 10 minutos
1/2 colher (chá) de sal marinho
1 colher (sopa) de ciboulette picada

👉 Numa panela, coloque a laranja com água suficiente para cobri-la. Ferva por 5 minutos. Escorra e reserve. 👉 Numa assadeira levemente untada com azeite, distribua as lâminas de pera. Asse em forno médio (180ºC) por 15 minutos, virando de lado na metade do tempo. Reserve. 👉 Cozinhe o arroz integral com 2 xícaras do caldo de legumes conforme procedimento descrito na p. 24, mas diminua o tempo de cozimento para 10 minutos e retire da pressão imediatamente para interromper o cozimento. 👉 Enquanto isso, numa panela, cozinhe o arroz selvagem com bastante água. Quando ferver, abaixe o fogo, tampe a panela e cozinhe por 40 minutos. Não deixe que os grãos do arroz selvagem se abram, pois isso indica que passou do tempo certo de cozimento. Escorra e reserve. 👉 Numa frigideira, coloque 1 colher de sopa de azeite e salteie o alho-poró por 1 minuto. Acrescente o arroz integral ainda quente, o arroz selvagem, a laranja, a raspa de limão e a uva-passa e misture. Adicione a 1/2 xícara de caldo de legumes restante e o sal. Cozinhe, mexendo sempre, por mais 5 minutos ou até o caldo ter evaporado e o arroz adquirido consistência cremosa. Acrescente a pera. Desligue o fogo, regue com o azeite restante e polvilhe com ciboulette. Sirva imediatamente.

Arroz integral com bardana, gergelim e castanha-do-pará marinada

rendimento: 4 porções

1 colher (sopa) mais 1 colher (chá) de semente de gergelim
1 xícara de arroz cateto integral (de preferência da marca Volkmann)
2 1/2 xícaras de caldo de legumes (ver p. 128)
1/4 de xícara de castanha-do-pará cortada em 3 pedaços
2 colheres (chá) de molho de soja

2 colheres (sopa) de azeite de oliva extravirgem
1 xícara de bardana em rodelas bem finas cortadas em meias-luas
1/2 colher (chá) de sal marinho
1 colher (chá) de cebolinha (parte verde) cortada em diagonal

Numa frigideira, toste o gergelim em fogo médio. Quando começar a estalar, vire com espátula ou colher de pau para que todas as sementes tostem por igual. Toste por mais 1 minuto. Reserve. Cozinhe o arroz integral com 2 xícaras do caldo de legumes conforme procedimento descrito na p. 24, mas diminua o tempo de cozimento para 10 minutos e retire da pressão imediatamente para interromper o cozimento. Enquanto isso, numa assadeira, asse a castanha em forno baixo (160ºC) por 10 minutos ou até ficar tostada. Retire do forno.

Numa tigela, misture a castanha com metade do molho de soja e do azeite e reserve. Numa frigideira, coloque o azeite restante e salteie a bardana por alguns minutos. Junte 1 colher de chá de gergelim, abaixe o fogo, tampe e cozinhe por 3 minutos. Acrescente o arroz integral, o molho de soja restante, a 1/2 xícara do caldo de legumes restante e o sal. Tampe e cozinhe por mais 2 minutos ou até o caldo evaporar. Sirva com a castanha-do-pará por cima e polvilhado com o gergelim restante e a cebolinha.

Arroz integral com lentilha, especiarias e chutney de manga

rendimento: 4 porções

Chutney de manga

1 colher (chá) de azeite de oliva extravirgem
1 colher (chá) de gengibre picado
1 manga grande madura mas firme (de preferência tipo Palmer)
picada em cubos de 1 cm
1 colher (chá) de suco de limão
1/4 de colher (chá) de açúcar mascavo
1 pitada de gengibre em pó
1 pitada de pimenta-da-jamaica em pó
1 pitada de noz-moscada em pó
1 pitada de cardamomo em pó
1 pitada de cravo-da-índia em pó
1 pitada de coentro em pó
1 pitada de canela em pó
1/4 de colher (chá) bem rasa de pimenta-dedo-de-moça
vermelha, sem semente, picada (opcional)
1/4 de colher (chá) de sal marinho

Arroz com lentilha

1 xícara de arroz cateto integral (de preferência da marca Volkmann)
2 1/2 xícaras de caldo de legumes (ver p. 128)
1 xícara de lentilha libanesa
2 colheres (sopa) de azeite de oliva extravirgem
2 colheres (chá) de cebolinha (parte branca) picada
1/2 colher (chá) de sal marinho
1 pitada de gengibre em pó
1 pitada de pimenta-da-jamaica em pó
1 pitada de noz-moscada em pó
1 pitada de cardamomo em pó
1 pitada de cravo-da-índia em pó
1 pitada de coentro em pó
1 pitada de canela em pó
1 colher (sopa) de ciboulette picada

🍅 **Chutney de manga** Numa panela, em fogo médio, junte o azeite e o gengibre. Depois de 30 segundos, acrescente a manga. Tampe e cozinhe em fogo baixo por 2 minutos. Junte o limão, o açúcar, as especiarias, a pimenta e o sal. Cozinhe por mais 2 minutos e desligue. 🍅 **Arroz com lentilha** Cozinhe o arroz integral com 2 xícaras do caldo de legumes conforme o procedimento descrito na p. 24, mas diminua o tempo de cozimento para 10 minutos. 🍅 Enquanto isso, numa panela, cubra as lentilhas com bastante água. Quando ferver, abaixe o fogo e cozinhe por 20 minutos. Escorra e reserve.

🍅 Numa frigideira, coloque 1 colher de sopa de azeite e a cebolinha e salteie por 10 segundos. Acrescente o arroz integral e a lentilha e misture. Adicione a 1/2 xícara de caldo de legumes restante e o sal. Tampe e cozinhe em fogo baixo por mais 5 minutos ou até o caldo reduzir. Não precisa mexer, pois não queremos que o amido do arroz se desprenda. O resultado deve ser um arroz com lentilhas soltinho. Acrescente as especiarias e misture. Desligue o fogo, regue com o azeite restante e polvilhe com ciboulette. Sirva com chutney de manga.

risotos

Risoto de arroz negro, cogumelos e vinho Madeira

rendimento: 4 porções

1 xícara de arroz preto (de preferência da marca Ruzene)
2 1/2 xícaras de caldo de legumes (ver p. 128)
2 colheres (sopa) de azeite de oliva extravirgem
1/2 xícara de alho-poró (partes branca e verde-clara) em pedaços de 1 cm cortados em diagonal
400 g de cogumelo Portobello
1 colher (sopa) de molho de soja
1/4 de colher (chá) de pimenta rosa moída
1/4 de xícara de vinho Madeira doce
1/4 de colher (chá) de sal marinho
1 xícara de cogumelo-de-paris
2 colheres (sopa) cheias de folhas de salsinha picadas finamente

☉ Cozinhe o arroz preto com 2 xícaras do caldo de legumes conforme procedimento descrito na p. 24, mas diminua o tempo de cozimento para 10 minutos e retire a pressão imediatamente para interromper o cozimento. ☉ Numa panela, coloque 1 colher de sopa de azeite e salteie o alho-poró por 1 minuto. Acrescente o cogumelo Portobello e salteie por mais 2 minutos. Adicione o molho de soja e a pimenta rosa e cozinhe por mais 1 minuto. Acrescente o arroz preto, o vinho Madeira, o sal e 1/2 xícara do caldo de legumes. Cozinhe, mexendo sempre, por mais 7 minutos ou até que o caldo evapore e o arroz adquira uma consistência cremosa. ☉ Enquanto isso, numa frigideira, coloque o azeite restante e salteie o cogumelo-de-paris por 1 minuto até dourar. ☉ Sirva o risoto imediatamente com o cogumelo salteado por cima e polvilhado com salsinha.

Risoto de couve-flor, brócolis, cogumelo e páprica

rendimento: 4 porções

1 xícara de arroz cateto integral (de preferência da marca Volkmann)
3 xícaras de caldo de legumes (ver p. 128)
2 colheres (sopa) de azeite de oliva extravirgem
1/4 de xícara de alho-poró (partes branca e verde-clara) em rodelas finas
1/4 de xícara de cebolinha (parte verde) picada finamente
1/4 de xícara de pimentão vermelho em cubinhos
1/2 xícara de couve-flor em floretes
1/2 xícara de brócolis em floretes
1 xícara de cogumelo-de-paris cortado ao meio
1/4 de colher (chá) de páprica picante
1/2 colher (chá) de sal marinho
1 colher (sopa) de folhas de salsinha crespa picadas

☉ Cozinhe o arroz integral com 2 xícaras do caldo de legumes conforme procedimento descrito na p. 24, mas diminua o tempo de cozimento para 10 minutos e retire a pressão imediatamente para interromper o cozimento. ☉ Numa panela, coloque metade do azeite e salteie o alho-poró e a cebolinha por 1 minuto. Acrescente o pimentão e a couve-flor e salteie por mais 1 minuto. Junte os brócolis e o cogumelo e cozinhe por mais 1 minuto. ☉ Adicione o arroz integral, o caldo restante, a páprica e o sal. Aumente o fogo e cozinhe por 10 minutos, mexendo sempre, até que o caldo evapore e o arroz adquira uma consistência cremosa. ☉ Desligue o fogo, regue com o azeite restante e polvilhe com a salsinha. Sirva imediatamente.

Paella vegetariana com legumes e cogumelo

rendimento: 4 a 6 porções

2 xícaras de arroz cateto integral (de preferência da marca Volkmann)
5 xícaras de caldo de legumes (ver p. 128)
1/4 de colher (chá) de cúrcuma
4 colheres (sopa) de azeite de oliva extravirgem
1/4 de xícara de cebola-roxa picada
1 colher (chá) de alho picado
1/4 de colher (chá) de pimenta rosa
1/4 de xícara de cenoura em pedaços de 2 cm cortados em diagonal
1/4 de xícara de salsão em pedaços de 2 cm cortados em diagonal
1/4 de xícara de alho-poró (parte branca) em pedaços de 2 cm cortados em diagonal
1 xícara de cogumelo-de-paris cortado ao meio

1/4 de xícara de pimentão vermelho em pedaços de 2 cm cortados em diagonal
1/2 colher (chá) de sal marinho
1 colher (sopa) de cebolinha picada
1/2 xícara de molho de tomate (ver p. 128)
1 xícara de brócolis em floretes
1/4 de xícara de couve-flor em floretes
1 xícara de ervilha-torta em pedaços de 2 cm cortados em diagonal
1 colher (chá) de alga hijiki
1/4 de colher (chá) de páprica picante
1 colher (sopa) cheia de folhas de salsinha picadas
2 colheres (sopa) de castanha de caju tostada
6 pimentas biquinho em conserva

�ནCozinhe o arroz integral com 4 xícaras de caldo de legumes e a cúrcuma conforme procedimento descrito na p. 24, mas diminua o tempo de cozimento para 10 minutos e retire imediatamente a pressão para interromper o cozimento. ☻ Enquanto isso, numa panela, coloque metade do azeite e doure a cebola, o alho e a pimenta rosa por 2 minutos em fogo baixo. Acrescente a cenoura e o salsão e mexa por 2 minutos. Junte o alho-poró e o cogumelo e mexa por mais 1 minuto. Coloque o pimentão e 1 colher de sopa do caldo de legumes e cozinhe por mais 3 minutos. Acrescente metade do sal, o arroz integral, o caldo de legumes restante, a cebolinha e o molho de tomate. ☻ Aumente o fogo e cozinhe por mais 5 minutos, mexendo sempre, para que o amido natural do arroz se desprenda. ☻ Acrescente os brócolis, a couve-flor, a ervilha-torta, a alga, a páprica e o sal restante. Tampe e cozinhe por mais 5 minutos ou até que o caldo evapore e o arroz adquira uma consistência cremosa. ☻ Desligue o fogo, regue com o azeite restante e polvilhe com a salsinha, a castanha de caju e a pimenta biquinho. Sirva imediatamente.

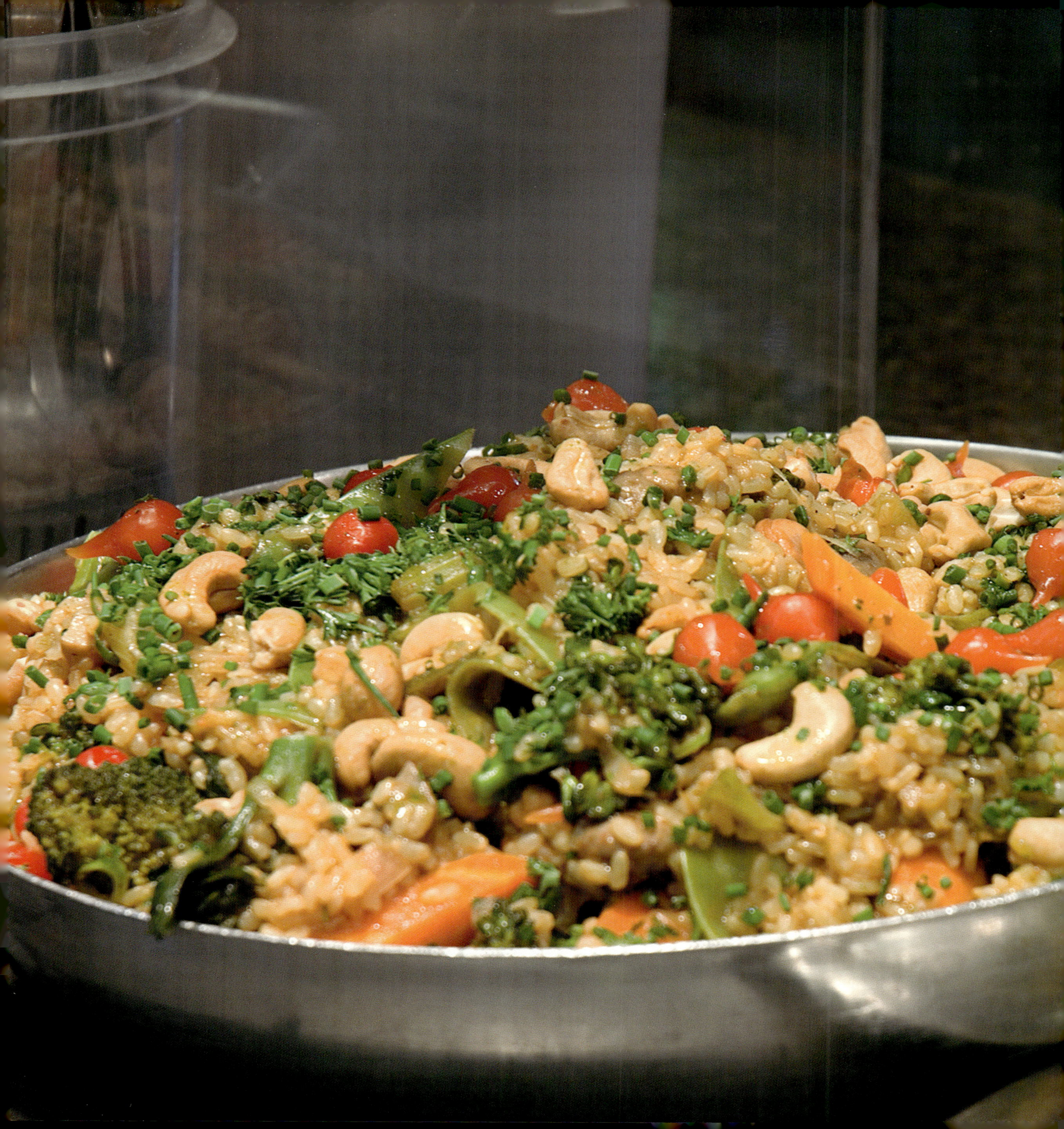

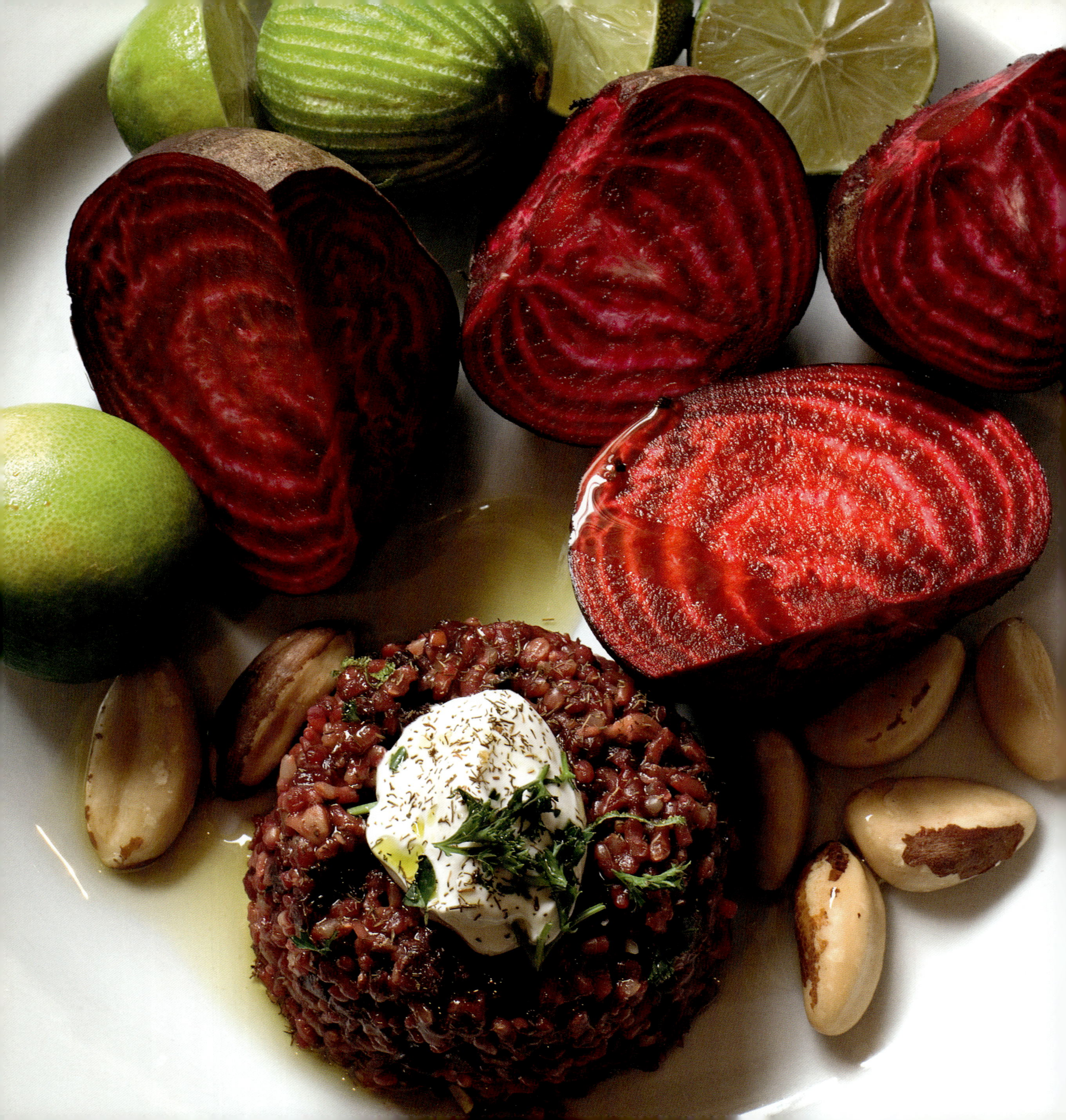

Risoto de beterraba com castanha-do-pará, coalhada e dill

rendimento: 4 porções

1 xícara de arroz cateto integral (de preferência da marca Volkmann)
3 1/2 xícaras de caldo de legumes (ver p. 128)
2 colheres (sopa) de azeite de oliva extravirgem
1/4 de xícara de cebola-roxa picada finamente
1 xícara de beterraba em cubinhos de 0,5 cm
1/2 colher (chá) de sal marinho
1/4 de colher (chá) de pimenta rosa
1/4 de xícara de vinho Madeira
1/4 de xícara de castanha-do-pará tostada e cortada em 4 pedaços
raspa de 1 limão
2 colheres (sopa) de folhas de salsinha picadas
4 colheres (sopa) de coalhada fresca
1/4 de colher (chá) de alho picadinho
2 colheres (sopa) de dill

☼ Cozinhe o arroz integral com 2 xícaras do caldo de legumes conforme procedimento descrito na p. 24, mas diminua o tempo de cozimento para 10 minutos e retire a pressão imediatamente para interromper o cozimento. ☼ Numa panela, em fogo médio, coloque metade do azeite e doure a cebola por 1 minuto ou até ficar translúcida. Acrescente a beterraba e 1 xícara do caldo de legumes, tampe e cozinhe por 5 minutos. Junte o sal marinho, a pimenta rosa, o arroz integral e 1/2 xícara do caldo de legumes. Cozinhe por mais 10 minutos, mexendo sempre, até que o amido se desprenda do arroz. Adicione o vinho e cozinhe por mais 7 minutos, mexendo sempre, até que o vinho evapore e o arroz adquira consistência cremosa. ☼ Desligue o fogo, acrescente a castanha, a raspa de limão e a salsinha crespa e misture. Regue com o azeite restante. ☼ Misture a coalhada com o alho. Coloque 1 colher de sopa sobre cada porção de risoto. Salpique com dill. Sirva imediatamente.

Risoto de tomate e cogumelo

rendimento: 4 porções

1 xícara de arroz cateto integral (de preferência da marca Volkmann)
2 1/2 xícaras de caldo de legumes (ver p. 128)
1 colher (sopa) de semente de linhaça dourada
3 colheres (sopa) de azeite de oliva extravirgem
1 colher (sopa) de cebolinha picada
1 1/2 xícara de tomate maduro, sem pele e sem semente, cortado em 8 gomos
1 colher (chá) de alho picado
125 g de cogumelo dinamarquês ou cogumelo-de-paris
1/2 colher (chá) cheia de molho de soja
1/8 de colher (chá) de pimenta rosa moída
1/2 colher (chá) de sal marinho
1 colher (sopa) de folhas de manjericão
1 colher (sopa) de ciboulette picada

☼ Cozinhe o arroz integral com 2 xícaras de caldo de legumes conforme procedimento descrito na p. 24, mas diminua o tempo de cozimento para 15 minutos e retire a pressão imediatamente para interromper o cozimento. ☼ Numa frigideira, toste a linhaça dourada em fogo médio por 2 minutos. Reserve. ☼ Numa panela, coloque 1 colher de sopa de azeite e a cebolinha e salteie por 10 segundos. Acrescente o tomate e salteie rapidamente. Abaixe o fogo, tampe e cozinhe por 5 minutos. Numa frigideira grande, coloque 1 colher de sopa de azeite e doure o alho. Acrescente o cogumelo e salteie por 1 minuto. Junte o tomate e o arroz e misture. Adicione 1/2 xícara do caldo de legumes, o molho de soja, a pimenta rosa e o sal. Cozinhe por 10 minutos, mexendo sempre, até que o caldo evapore ou o arroz adquira consistência cremosa. Desligue o fogo e acrescente o manjericão e a ciboulette. Misture. Regue com o azeite restante e polvilhe com linhaça dourada. Sirva imediatamente.

cozidos com grãos

Lentilha libanesa com banana e maçã

rendimento: 4 porções

- 1 1/4 de xícara de lentilha libanesa
- 6 1/2 xícaras de caldo de legumes (ver p. 128)
- 2 colheres (sopa) de azeite de oliva extravirgem
- 1 colher (chá) de semente de mostarda
- 1 colher (sopa) de cebolinha (parte branca) picada
- 1 colher (sopa) de folhas de salsinha picadas
- 2 colheres (sopa) de folhas de hortelã
- 1 maçã Fuji grande com casca, cortada em 8 gomos
- 1 colher (sopa) de curry
- 1 colher (chá) cheia de sal marinho
- 2 bananas-nanicas maduras mas firmes, em rodelas de 2 cm
- 1 colher (sopa) de ciboulette picada
- 1/4 de colher (chá) de pimenta-dedo-de-moça, sem semente, picada (opcional)

Lave a lentilha em água corrente e escorra. Numa panela de pressão, coloque a lentilha e 4 xícaras de caldo de legumes. Tampe a panela e leve ao fogo. Quando começar a apitar, abaixe o fogo e cozinhe por 10 minutos. Retire a pressão e abra a panela. Se preferir, cozinhe a lentilha em fogo baixo com 5 xícaras de caldo de legumes em panela comum por 20 minutos a partir do início da fervura. Numa panela, junte 1 colher de sopa de azeite, a semente de mostarda, a cebolinha, a salsinha e metade da hortelã. Salteie por 1 minuto. Acrescente a maçã e salteie por mais 1 minuto. Junte 2 1/2 xícaras de caldo de legumes, o curry e o sal e cozinhe em fogo médio por 5 minutos. Acrescente a lentilha com o caldo do cozimento e a banana e cozinhe por mais 10 minutos. Quando estiver pronto, junte a hortelã restante, a ciboulette, a pimenta e o azeite restante. Sirva.

Grão-de-bico com tomate, tahine e hortelã

rendimento: 4 porções

1 1/4 de xícara de grão-de-bico
6 xícaras de caldo de legumes (ver p. 128)
1 colher (chá) de azeite de oliva extravirgem
1 colher (chá) de alho picado
1 colher (sopa) de ciboulette picada finamente
3 tomates, sem pele e sem semente, cortados em 8 gomos
2 colheres (sopa) de folhas de hortelã picadas
1 colher (chá) de sal marinho

Molho de tahine
1/2 dente de alho
1/4 de xícara de tahine
1/2 xícara de caldo de legumes
1/2 colher (sopa) de mel
1/4 de colher (chá) de sal marinho

Deixe o grão-de-bico de molho por uma noite. Escorra. Numa panela de pressão, coloque o grão-de-bico e 4 xícaras do caldo de legumes. Feche a panela e leve ao fogo. Quando começar a apitar, abaixe o fogo e cozinhe por 30 minutos. Enquanto isso, faça o molho de tahine. Bata todos os ingredientes no liquidificador e reserve. Quando o grão-de-bico estiver pronto, retire a pressão e abra a panela. Numa frigideira, coloque o azeite, o alho e a ciboulette e salteie por 1 minuto em fogo baixo. Junte o tomate e metade da hortelã e cozinhe em fogo médio com a panela tampada por 5 minutos ou até o tomate se desmanchar. Acrescente o grão-de-bico com o caldo do cozimento e o caldo de legumes restante e cozinhe em fogo baixo com a panela semitampada por mais 30 minutos. Junte o molho de tahine, a hortelã restante e o sal. Sirva.

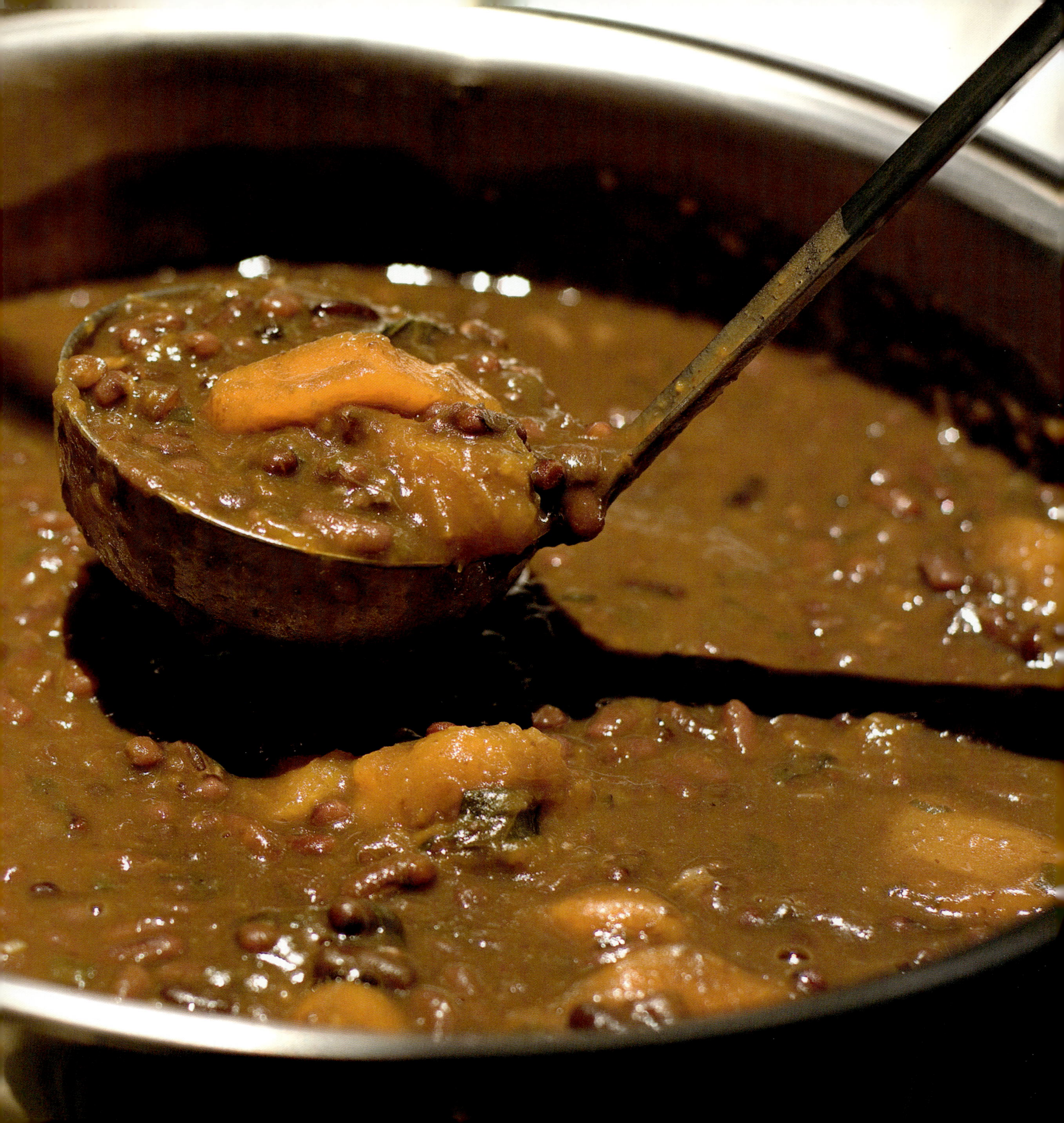

Feijão-azuki com abóbora, nirá e gengibre

rendimento: 4 porções

1 1/3 de xícara de feijão-azuki
7 xícaras de caldo de legumes (ver p. 128)
2 colheres (sopa) de azeite de oliva extravirgem
1 colher (chá) de alho picado
2 colheres (chá) de nirá picado finamente
1 colher (sopa) de folhas de salsinha picadas
1 xícara de abóbora japonesa sem casca em cubos de 3 cm
1 colher (chá) de sal marinho
1 colher (sopa) de molho de soja
1 colher (sopa) de gengibre picado

⚭ Lave o feijão-azuki em água corrente e escorra. Numa panela de pressão, coloque o feijão e 3 xícaras do caldo de legumes. Feche a panela e leve ao fogo. Quando começar a apitar, abaixe o fogo e cozinhe por 15 minutos. Retire a pressão e abra a panela. ⚭ Numa panela, coloque 1 colher de sopa de azeite, o alho, metade do nirá e a salsinha e salteie por 1 minuto em fogo baixo. Junte a abóbora e salteie por mais 1 minuto. Adicione 2 xícaras do caldo de legumes e o sal marinho e cozinhe em fogo médio com a panela tampada por 10 minutos. ⚭ Acrescente o feijão, 2 xícaras de caldo de legumes, o molho de soja e o gengibre. Cozinhe em fogo médio por mais 10 minutos. ⚭ Quando estiver pronto, junte o nirá e o azeite restantes. Sirva.

Feijão-branco com tomate e ervas

rendimento: 4 porções

1 1/4 de xícara de feijão-branco
4 xícaras de caldo de legumes (ver p. 128)
2 colheres (sopa) de azeite de oliva extravirgem
1 colher (chá) de alho picado
1 colher (sopa) de folhas de manjericão
1 colher (sopa) de folhas de alecrim picadas
1 colher (sopa) de cebolinha (parte verde) picada
1 colher (chá) de sal marinho
2 tomates, sem pele e sem semente, cortados em 8 gomos
1 colher (sopa) de folhas de salsinha picadas

⚭ Deixe o feijão de molho por uma noite. Escorra. ⚭ Numa panela de pressão, coloque o feijão e o caldo de legumes. Feche a panela e leve ao fogo. Quando começar a apitar, abaixe o fogo e cozinhe por 15 minutos. Retire a pressão e abra a panela. ⚭ Numa frigideira, junte 1 colher de sopa de azeite, o alho, o manjericão, o alecrim, a cebolinha e o sal. Salteie por 1 minuto. Acrescente o tomate e cozinhe em fogo médio com a panela tampada por 5 minutos ou até o tomate se desmanchar. ⚭ Junte o feijão com o caldo do cozimento e cozinhe por mais 10 minutos. ⚭ Quando estiver pronto, acrescente a salsinha e o azeite restante. Sirva.

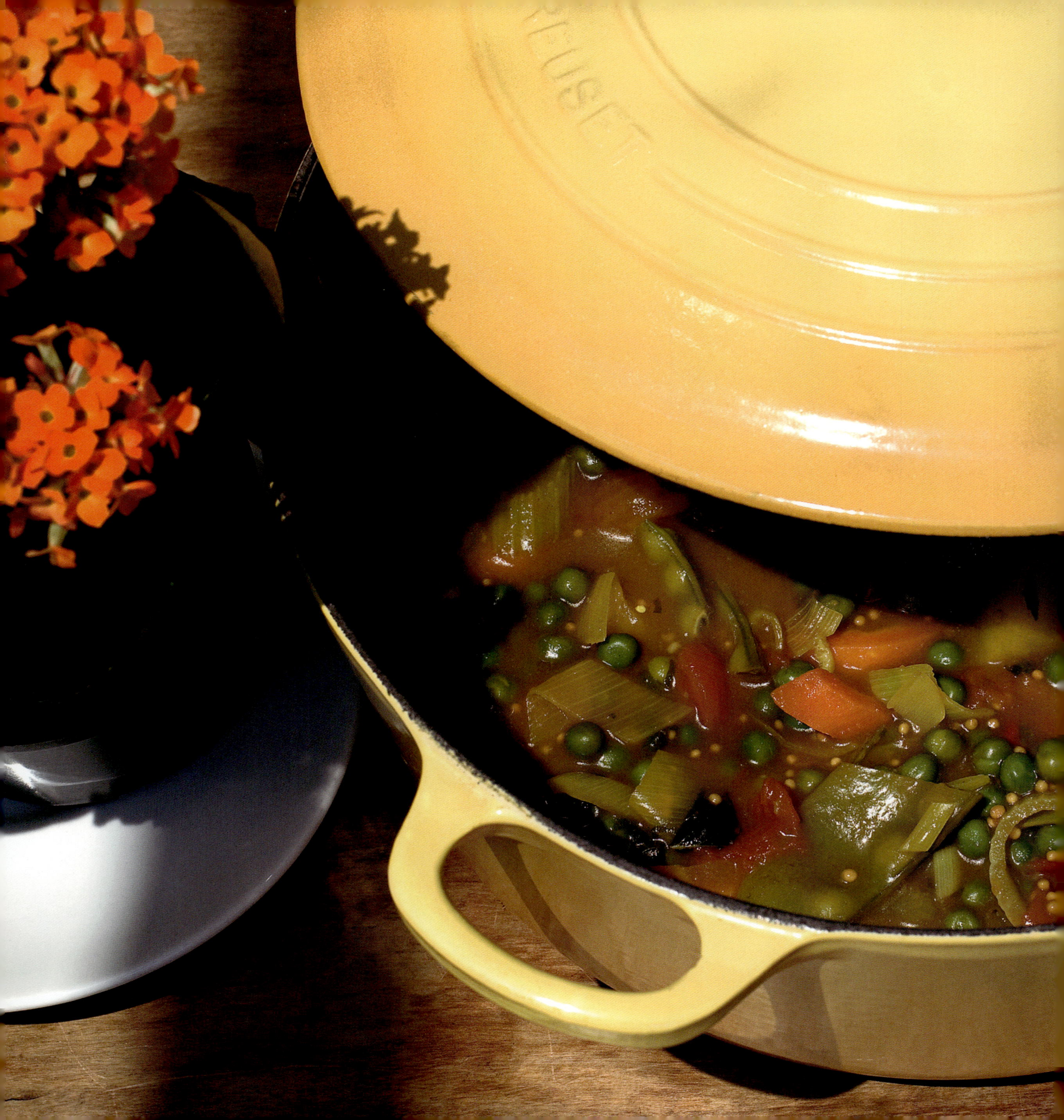

Dahl de ervilha com legumes e curry suave

rendimento: 4 porções

2 colheres (sopa) de ghee (manteiga clarificada)
1 colher (chá) de semente de mostarda
1 colher (chá) de gengibre picado
1 colher (chá) cheia de cebolinha picada
2 colheres (chá) de sal marinho
1/3 de xícara de mandioquinha em pedaços de 2 cm
1/3 de xícara de salsão em pedaços de 2 cm cortados em diagonal
1/3 de xícara de pimenta cambuci em 4 pedaços
1/3 de xícara de alho-poró em pedaços de 1 cm
2 tomates, sem pele e sem semente, cortados em 8 gomos
2 1/2 xícaras de caldo de legumes (ver p. 128)
1 colher (sopa) de curry
1 1/2 xícara de ervilha congelada (descongele por 10 minutos antes de usar)
1/3 de xícara de ervilha-torta em 3 pedaços cortados em diagonal
1 colher (sopa) cheia de folhas de hortelã picadas
1/2 colher (chá) de coentro em pó

Numa panela, junte metade da ghee, a semente de mostarda, o gengibre e a cebolinha. Toste as sementes em fogo alto por aproximadamente 1 minuto (até pipocarem). Acrescente metade do sal, a mandioquinha, o salsão, a pimenta, o alho-poró e o tomate. Salteie por 1 minuto, mexendo sempre. Acrescente o caldo de legumes e o curry e cozinhe por 5 minutos. Junte as ervilhas, a hortelã, o coentro e o sal e a ghee restantes e cozinhe por mais 5 minutos. Sirva.

cozidos especiais

Cozido de legumes, Portobello e tahine
rendimento: 4 porções

Cozido

1 colher (sopa) de azeite de oliva extravirgem
1 xícara de cebola picada em cubos de 1 cm
1/2 xícara de cenoura em pedaços de 2 cm cortados em diagonal
1 xícara de tomate, sem pele e sem semente, cortado em 12 gomos
1/2 xícara de salsão em pedaços de 1 cm cortados em diagonal
2 colheres (sopa) de folhas de manjericão
1/4 de xícara de cebolinha picada
1 colher (chá) de alho picado finamente
1 colher (chá) de sal marinho
1/2 xícara de alho-poró em pedaços de 2 cm cortados em diagonal
1/2 xícara de cogumelo Portobello em pedaços de 2 cm
1/2 colher (chá) de pimenta rosa
1/2 colher (chá) de páprica doce
1/2 colher (chá) de orégano
1/2 xícara de molho de tomate (ver p. 128)
2 xícaras de caldo de legumes (ver p. 128)
1/2 xícara de aspargo em pedaços de 2 cm cortados em diagonal
1/2 xícara de ervilha-torta em pedaços de 2 cm cortados em diagonal
2 colheres (sopa) de folhas de hortelã picadas
1/4 de xícara de folhas salsinha picadas

Molho de tahine

1/2 xícara de tahine
1 xícara de caldo de legumes (ver p. 128)

Molho de tahine Bata os ingredientes no liquidificador e reserve. **Cozido** Numa panela aberta, coloque o azeite e a cebola e salteie em fogo baixo por 2 minutos ou até a cebola ficar translúcida. Adicione a cenoura e o tomate, abaixe o fogo, tampe e cozinhe por 10 minutos. Acrescente o salsão, o manjericão, a cebolinha, o alho e metade do sal. Misture bem, tampe e cozinhe por 5 minutos. Junte o alho-poró e deixe no fogo por mais 2 minutos. Acrescente o cogumelo, a pimenta rosa, a páprica e o orégano. Tampe a panela e cozinhe por 5 minutos. Junte o molho de tomate e cozinhe com a panela tampada por 5 minutos. Adicione o caldo de legumes e o sal restante, tampe e deixe no fogo por mais 2 minutos. Junte o aspargo, tampe e cozinhe por mais 2 minutos. Desligue o fogo e acrescente a ervilha-torta, a hortelã, a salsinha e o molho de tahine. Sirva.

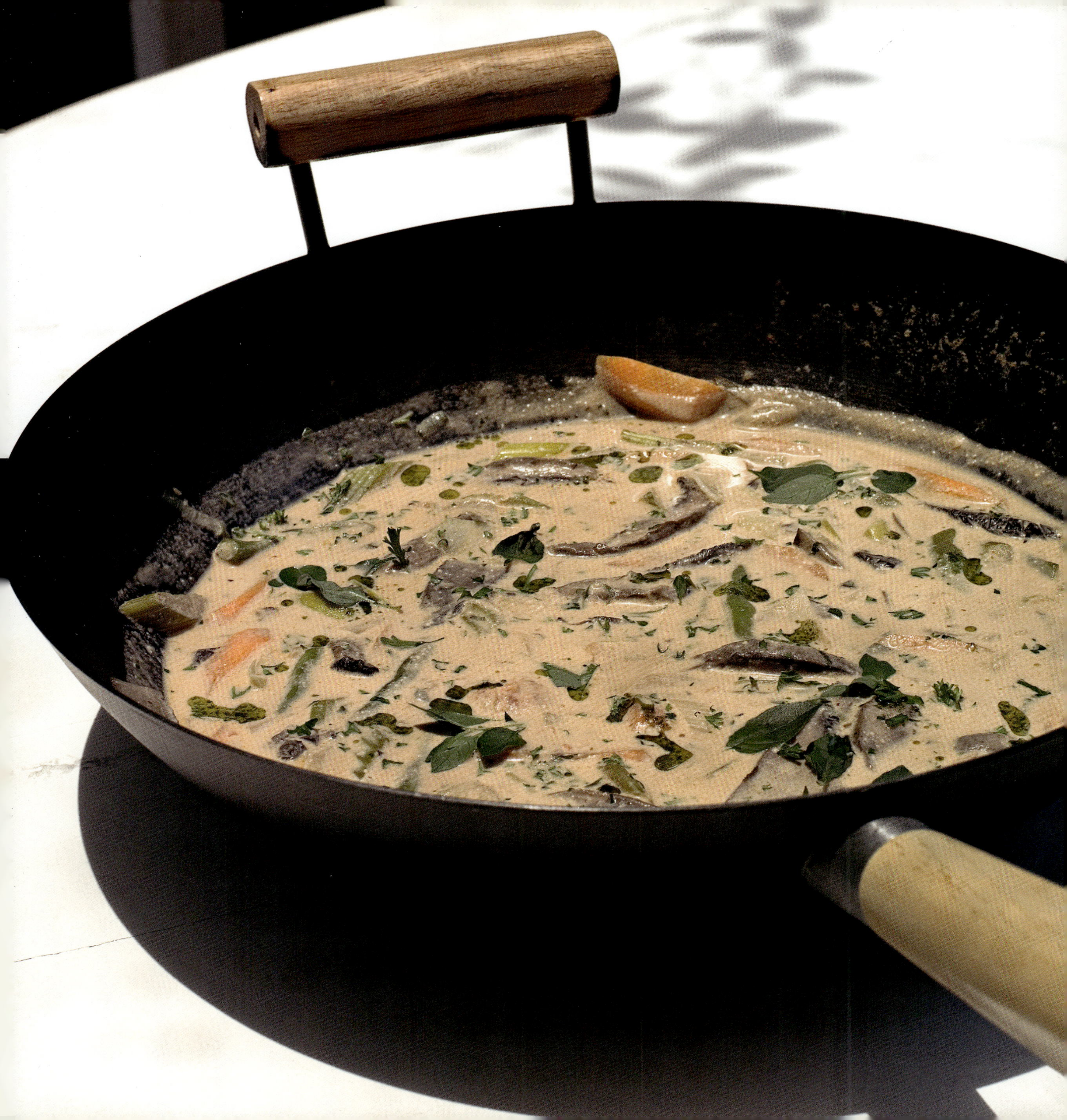

Cozido de legumes com grão-de-bico e tâmara

rendimento: 4 porções

1 xícara de grão-de-bico
5 xícaras de caldo de legumes (ver p. 128)
1 colher (sopa) de azeite de oliva extravirgem
1 colher (sopa) de cebolinha picada
1 colher (chá) de pimenta rosa moída
1/4 de xícara de cenoura em pedaços de 2 cm cortados em diagonal
1/4 de xícara de salsão em pedaços de 2 cm cortados em diagonal
1 xícara de tomate, sem pele e sem semente, cortado em 8 gomos
1/4 de xícara de alho-poró em pedaços de 2 cm cortados em diagonal
1/4 de xícara de abobrinha brasileira em pedaços de 2 cm
1/4 de xícara de pimenta cambuci cortada em 6 pedaços
1 colher (chá) de semente de mostarda
1 colher (sopa) de folhas de salsinha picadas
1/2 xícara de tâmara, sem caroço, cortada ao meio
1 colher (chá) rasa de sal marinho
1 colher (chá) de curry
1/4 de xícara de ervilha-torta em pedaços de 2 cm cortados em diagonal
1 colher (sopa) de folhas de hortelã

Deixe o grão-de-bico de molho por 1 noite. Numa panela de pressão, junte o grão-de-bico escorrido e 4 xícaras do caldo de legumes. Tampe a panela e leve ao fogo. Quando começar a apitar, abaixo o fogo e cozinhe por 30 minutos. Deixe a panela perder a pressão naturalmente. Enquanto isso, numa panela, coloque o azeite, a cebolinha, a pimenta rosa e a cenoura e salteie por 3 minutos. Acrescente o salsão e o tomate e abaixe o fogo. Tampe a panela e mantenha cozinhando por 7 minutos, mexendo com colher de pau de vez em quando. Junte o alho-poró, a abobrinha, a pimenta cambuci, a semente de mostarda, a salsinha, a tâmara e o sal. Refogue por 5 minutos. Acrescente o grão-de-bico com o caldo do cozimento. Misture o curry com o caldo de legumes restante e agregue ao cozido junto com a ervilha-torta. Tampe a panela e cozinhe em fogo baixo por 15 minutos. Desligue e adicione a hortelã.

Vatapá vegetariano com alga hijiki

rendimento: 4 porções

4 xícaras (1 litro) mais 2 colheres (sopa) de leite
1 xícara (250 ml) de leite de coco
2 colheres (sopa) de creme de arroz
1 colher (sopa) de azeite de oliva extravirgem
1 xícara de cebola picada
1 colher (sopa) de alho picado finamente
1/4 de xícara de pimentão em cubinhos de 0,5 cm
1 xícara de cenoura em pedaços de 2 cm cortados em diagonal
4 colheres (sopa) de azeite-de-dendê
2 xícaras de tomate maduro, sem pele e sem semente, cortado em gomos de 2 cm
2 colheres (chá) de sal marinho
1/4 de colher (chá) de pimenta-malagueta picada
1 xícara de salsão em pedaços de 2 cm cortados em diagonal
2 colheres (chá) de alga hijiki

Numa panela, coloque 1 litro de leite e o leite de coco. Aqueça em fogo baixo, acrescente o creme de arroz previamente dissolvido em 2 colheres de sopa de leite. Aumente o fogo e mexa sem parar com colher de pau. Quando ferver, abaixe o fogo e cozinhe por 10 minutos. Em outra panela, coloque o azeite, a cebola e o alho e salteie por 2 minutos ou até a cebola ficar translúcida. Junte o pimentão e a cenoura e cozinhe por 1 minuto. Acrescente 1 colher de sopa do azeite-de-dendê, o tomate e metade do sal. Tampe a panela, abaixe o fogo e cozinhe por 3 minutos, mexendo de vez em quando. Junte a pimenta-malagueta, o salsão e a alga, tampe e cozinhe por mais 3 minutos. Adicione a mistura de leite e creme de arroz e o sal restante e deixe no fogo por mais 5 minutos. Junte o azeite-de-dendê restante e misture. Sirva.

Cuscuz de milho com palmito e banana

rendimento: 6 porções
material: 6 forminhas individuais de empada com 3 cm de altura e 5 cm de diâmetro

2 colheres (sopa) de azeite de oliva extravirgem
2 colheres (sopa) de cebolinha picada
1 xícara de palmito picado
1 xícara de banana-nanica madura picada
1/2 colher (chá) de sal marinho
1 1/2 xícara de molho de tomate (ver p. 128)
1/2 colher (chá) de pimenta-malagueta picada
2 1/2 xícaras de farinha de milho
1 colher (sopa) de folhas de salsinha picadas
6 pimentas biquinho
azeite de oliva extravirgem para untar

Numa panela, coloque o azeite, a cebolinha e o palmito e salteie por 3 minutos. Junte a banana e o sal e salteie por mais 3 minutos. Adicione o molho de tomate e a pimenta-malagueta e cozinhe por 2 minutos. Acrescente a farinha de milho, misture e cozinhe por mais 1 minuto. Desligue o fogo e junte a salsinha. Unte com azeite as forminhas. Distribua o cuscuz, apertando bem. Desenforme sobre o prato de servir, coloque uma pimenta biquinho por cima. **Dica** Se quiser, sirva com o vatapá.

grãos nobres

Risoto de quinoa com ervilha fresca, maçã e azeite de salsinha

rendimento: 4 porções

Azeite de salsinha
1/4 de xícara cheia de folhas de salsinha
1/2 xícara de azeite de oliva extravirgem
1 pitada de sal marinho

Conserva de gengibre
1/4 de xícara de mel
1/4 de xícara de vinagre de arroz
1 xícara de gengibre sem casca em fatias finas

Risoto
1 xícara de quinoa
4 1/2 xícaras de caldo de legumes (ver p. 128)
1 colher (sopa) de azeite de oliva extravirgem
2 colheres (sopa) cheias de cebolinha picada
1 colher (sopa) de talos de salsinha picados
1/2 colher (chá) de alho picado
1 xícara de cenoura em pedaços de 2 cm cortados em diagonal
1 xícara de brócolis japonês em floretes
1 xícara de ervilha fresca
1/2 colher (chá) de sal marinho
1 1/2 xícara de cogumelo-de-paris cortado ao meio
1/2 colher (chá) de páprica picante
1 xícara cheia de maçã Fuji com casca em cubos de 1 cm
1 colher (sopa) de conserva de gengibre
1 colher (sopa) de ciboulette picada
1 colher (sopa) de folhas de salsinha picadas
1/4 de xícara de amêndoa em lâminas

◊ **Azeite de salsinha** Bata as folhas de salsinha, o azeite e o sal no liquidificador até virar uma pasta homogênea. Transfira para uma embalagem de vidro e tampe. ◊ **Conserva de gengibre** Numa tigela, misture o mel e o vinagre. ◊ Numa panela, cozinhe o gengibre em bastante água por 40 minutos. Escorra bem e junte imediatamente à mistura de mel e vinagre. Misture e deixe esfriar. Coloque numa embalagem fechada e leve à geladeira. ◊ **Risoto** Lave a quinoa em água corrente, revolvendo os grãos para que fiquem limpos por igual. Numa panela, junte a quinoa e 2 xícaras do caldo de legumes. Cozinhe em fogo alto. Quando ferver, abaixe o fogo e cozinhe com a panela tampada por 20 minutos. Reserve. ◊ Numa frigideira, coloque o azeite, a cebolinha, os talos de salsinha e o alho e salteie por alguns segundos. Acrescente a cenoura e os brócolis e salteie por mais 2 minutos. Junte a ervilha e salteie por mais 1 minuto. Adicione 1 xícara do caldo de legumes, abaixe o fogo, tampe e cozinhe por mais 5 minutos. Junte o sal e cozinhe por mais 1 minuto. ◊ Acrescente a quinoa, o cogumelo, o caldo de legumes restante e a páprica. Tampe e cozinhe em fogo baixo por 5 minutos. Junte a maçã, a conserva de gengibre, a ciboulette e a salsinha. Misture delicadamente. Sirva imediatamente com azeite de salsinha e a amêndoa.

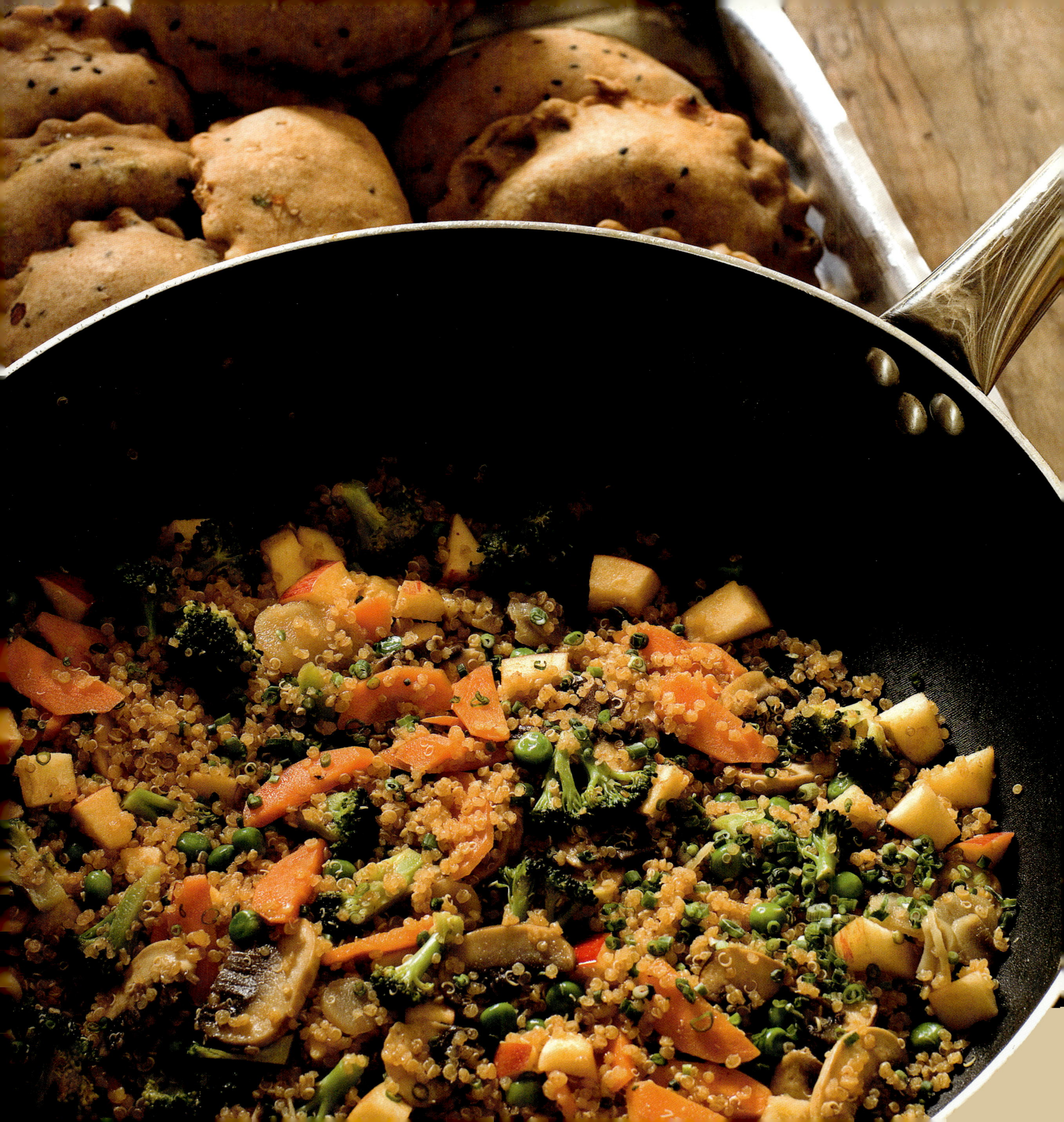

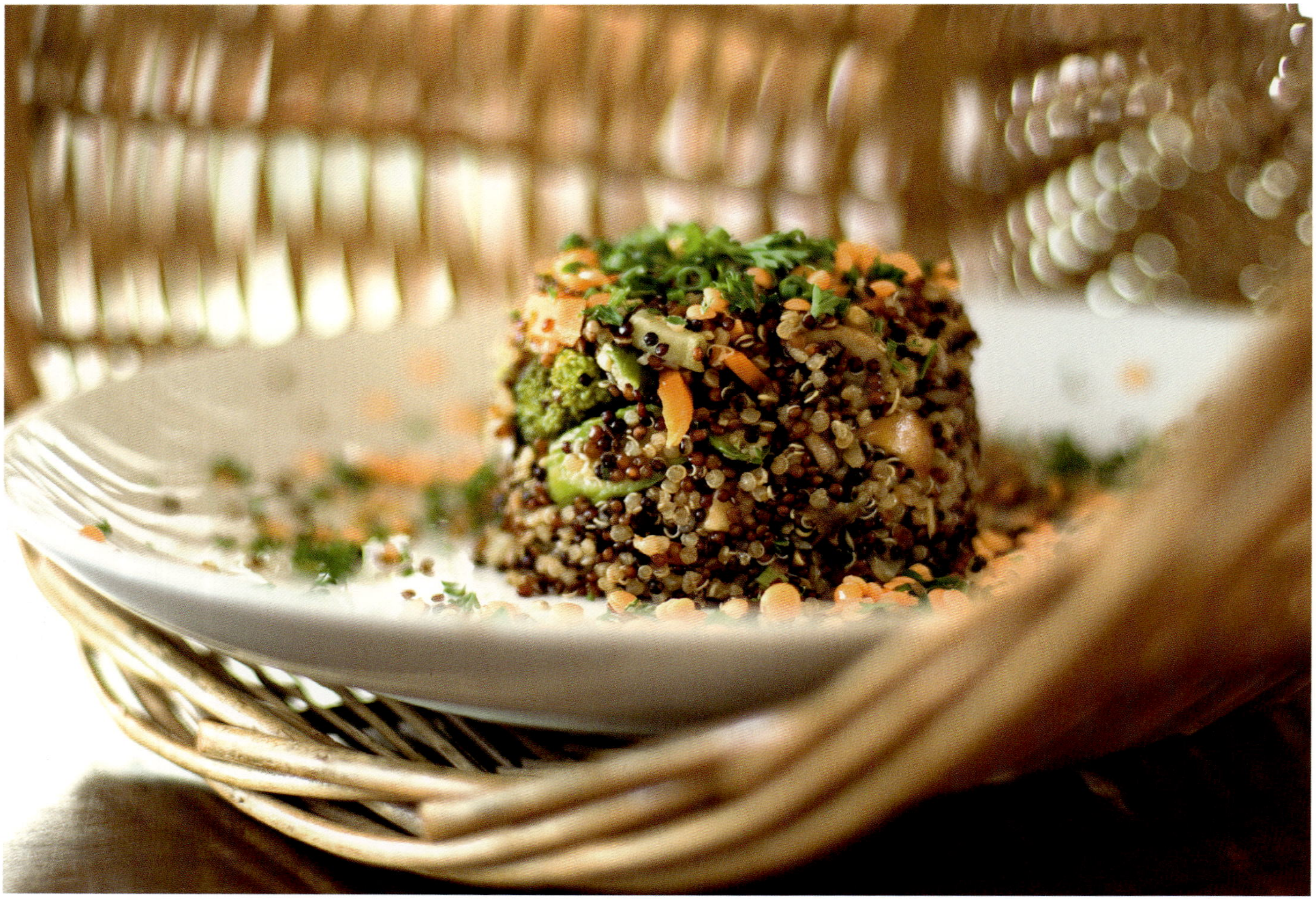

Trio de quinoas com lentilha rosa, legumes e azeite verde

rendimento: 4 porções

Azeite verde
1/2 xícara de azeite de oliva extravirgem
1/4 de xícara de folhas de manjericão
1 pitada de sal marinho

Trio de quinoas
1/3 de xícara de lentilha rosa
2/3 de xícara de água
1/3 de xícara de quinoa negra
1/3 de xícara de quinoa branca
1/3 de xícara de quinoa vermelha
2 xícaras de caldo de legumes (ver p. 128)

3/4 de colher (chá) de sal marinho
1/4 de colher (chá) de páprica picante
1 colher (sopa) de azeite de oliva extravirgem
1/2 xícara de alho-poró em rodelas finas
1/2 xícara de abobrinha italiana em rodelas de 0,5 cm de espessura cortadas em meias-luas
1/2 xícara de brócolis em floretes
1/2 xícara de couve-flor em floretes
1/2 xícara de ervilha-torta em pedaços cortados em diagonal
2 colheres (sopa) de abóbora ralada
2 colheres (sopa) de cenoura ralada
1 colher (sopa) de ciboulette picada

◯ **Azeite verde** Bata o azeite, o manjericão e o sal no liquidificador até virar uma pasta homogênea. Transfira para uma embalagem de vidro e tampe. ◯ **Trio de quinoas** Lave a lentilha rosa em água corrente. Escorra. Numa panela, aqueça a água. Coloque a lentilha e a água quente numa bacia e deixe de molho por 25 minutos. ◯ Lave as 3 quinoas juntas em água corrente, revolvendo os grãos para que fiquem limpos por igual. ◯ Numa panela, junte as quinoas, o caldo de legumes, 1/4 de colher de chá de sal e a páprica. Cozinhe em fogo alto. Quando ferver, abaixe o fogo e cozinhe por 20 minutos com a panela tampada. ◯ Quando estiver pronto, passe os grãos para uma assadeira para interromper o cozimento. ◯ Numa frigideira, coloque o azeite e salteie o alho-poró por 1 minuto. Junte a abobrinha e salteie por 1 minuto. Acrescente separadamente os brócolis, a couve-flor e a ervilha e salteie cada um por cerca de 1 minuto. ◯ Junte as quinoas, a lentilha escorrida, a abóbora e a cenoura e misture. Tempere com o sal restante. ◯ Salpique com ciboulette. Sirva com o azeite verde. ◯ **Dica** Esse prato pode ser servido quente ou colocado na geladeira para ser servido como salada.

Risoto de quinoa negra com tomate, shimeji e azeite de coentro

rendimento: 4 porções

Azeite de coentro

1/4 de xícara cheia de folhas de coentro
1/2 xícara de azeite de oliva extravirgem
1 pitada de sal marinho

Risoto

1 xícara de quinoa negra
2 1/2 xícaras de caldo de legumes (ver p. 128)
1 colher (chá) de páprica picante
2 colheres (sopa) de azeite de oliva extravirgem

1 colher (sopa) de cebolinha (parte branca) picada
1/4 de xícara de talos de coentro picados
1 colher (chá) de alho picado
2 xícaras de tomate, sem pele e sem semente, cortado em 8 gomos
1/4 de colher (chá) de sal marinho
1 colher (sopa) de extrato de tomate orgânico
3 xícaras de shimeji
1 colher (chá) de molho de soja
1 colher (sopa) cheia de folhas de coentro
2 colheres (sopa) de semente de gergelim tostada

◊ **Azeite de coentro** Bata o coentro, o azeite e o sal no liquidificador até virar uma pasta homogênea. Transfira para uma embalagem de vidro e tampe. ◊ **Risoto** Lave a quinoa em água corrente, revolvendo os grãos para que fiquem limpos por igual. ◊ Numa panela, coloque a quinoa, 2 xícaras do caldo de legumes e metade da páprica. Cozinhe em fogo alto. Quando ferver, abaixe o fogo e cozinhe com a panela tampada por 20 minutos. ◊ Numa frigideira grande, coloque 1 colher de sopa do azeite, a cebolinha, os talos de coentro e o alho e salteie por 1 minuto. Acrescente o tomate e salteie por mais 2 minutos. Tampe e cozinhe em fogo baixo por 3 minutos. ◊ Junte a quinoa, o caldo de legumes restante, a páprica restante, o sal e o extrato de tomate e cozinhe por mais 3 minutos ou até que o caldo reduza um pouco. ◊ Enquanto isso, numa frigideira, coloque o azeite restante e salteie o shimeji por dois minutos. Junte o molho de soja. ◊ Distribua o risoto em pratos individuais e coloque o shimeji por cima. Salpique com folhas de coentro e gergelim. Regue fartamente com o azeite de coentro por cima e ao redor dos pratos.

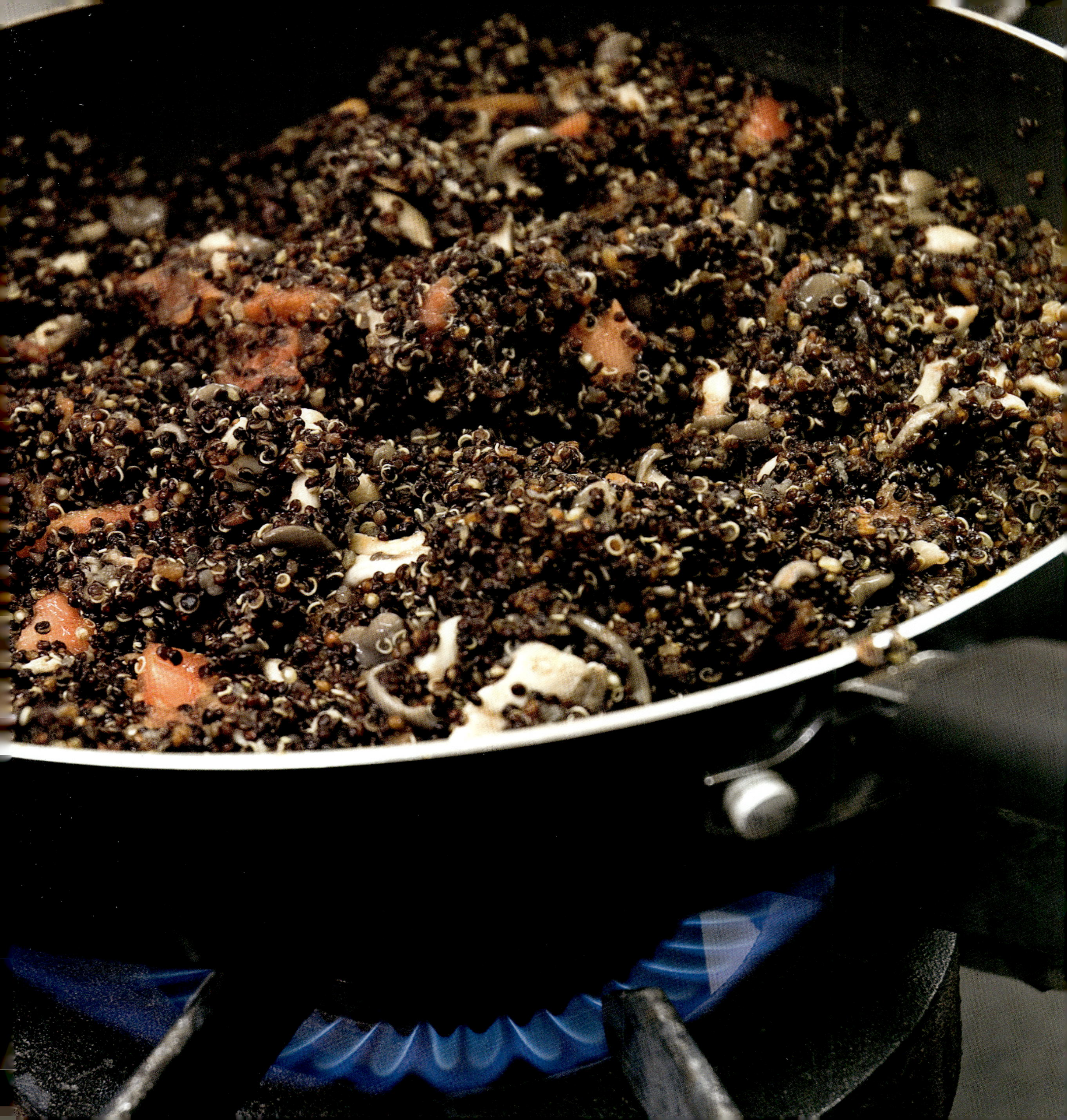

Salada de lentilhas coloridas, maçã e castanha-do-pará

rendimento: 4 a 6 porções

1/4 de xícara de lentilha rosa
2 1/2 xícaras de caldo de legumes (ver p. 128)
1 colher (chá) de alga hijiki
4 colheres (sopa) de água
1 xícara de lentilha libanesa
1/4 de xícara de castanha-do-pará em pedaços
1/3 de xícara de azeite de oliva extravirgem
2 colheres (sopa) de vinagre balsâmico
1/4 de colher (chá) de sal marinho
1/2 colher (chá) de cominho em pó
1 colher (chá) de melado de cana
1 1/4 de xícara de maçã com casca em cubinhos de 1 cm
2 colheres (sopa) de ciboulette picada
1 colher (sopa) de folhas inteiras de salsinha

◊ Lave a lentilha rosa em água corrente. ◊ Numa panela, aqueça 1/2 xícara de caldo de legumes. Coloque a lentilha rosa e o caldo quente numa bacia e deixe de molho por 25 minutos. Escorra e reserve. ◊ Numa tigela, coloque a alga com a água e deixe de molho por 20 minutos. Escorra e reserve. ◊ Lave a lentilha libanesa em água corrente. Numa panela de pressão, junte a lentilha e o caldo de legumes restante. Tampe a panela e leve ao fogo. Quando começar a apitar, abaixe o fogo e cozinhe por 8 minutos. Retire a pressão e abra a panela. Transfira a lentilha para uma assadeira para interromper o cozimento. Se preferir, cozinhe a lentilha com 2 xícaras de caldo de legumes em panela comum por 20 minutos a partir do início da fervura em fogo baixo. ◊ Enquanto isso, coloque a castanha numa assadeira e toste em forno médio (180ºC) por 10 minutos. ◊ Numa tigela pequena, junte o azeite, o vinagre, o sal, o cominho e o melado. Bata com um batedor de arame até que o molho esteja cremoso e emulsionado. ◊ Numa saladeira, junte as lentilhas, a castanha-do-pará, a alga, a maçã, a ciboulette e a salsinha. Adicione o molho e misture. Sirva imediatamente ou leve à geladeira e sirva gelado.

Quinoa com aspargo in natura, tomate marinado e vinagrete de limão rosa

rendimento: 4 a 6 porções

1 xícara de tomate maduro e firme, sem pele e sem semente
1/2 xícara de azeite de oliva extravirgem
1/2 colher (chá) de sal marinho
1/2 colher (chá) de páprica doce
2 colheres (sopa) de folhas de manjericão
1 xícara de quinoa
2 xícaras de caldo de legumes (ver p. 128)
1 xícara de aspargo em pedaços de 1 cm cortados em diagonal
1 xícara de cogumelo-de-paris em fatias finas
1 1/2 colher (sopa) de gengibre picado
2 colheres (sopa) de suco de limão rosa

◊ Numa tigela, junte o tomate, o azeite, o sal, metade da páprica e o manjericão. Deixe marinar na geladeira por pelo menos 2 horas. ◊ Lave a quinoa em água corrente, revolvendo para que os grãos fiquem limpos por igual. ◊ Numa panela, coloque a quinoa, o caldo de legumes e a páprica restante. Cozinhe em fogo alto. Quando ferver, abaixe o fogo e cozinhe com a panela tampada por 20 minutos. ◊ Quando estiver pronto, transfira os grãos para uma tigela ou assadeira para interromper o cozimento. Deixe esfriar. ◊ Numa saladeira junte a quinoa, o tomate e o molho da marinada, o aspargo, o cogumelo, o gengibre e o suco do limão. Misture e sirva frio.

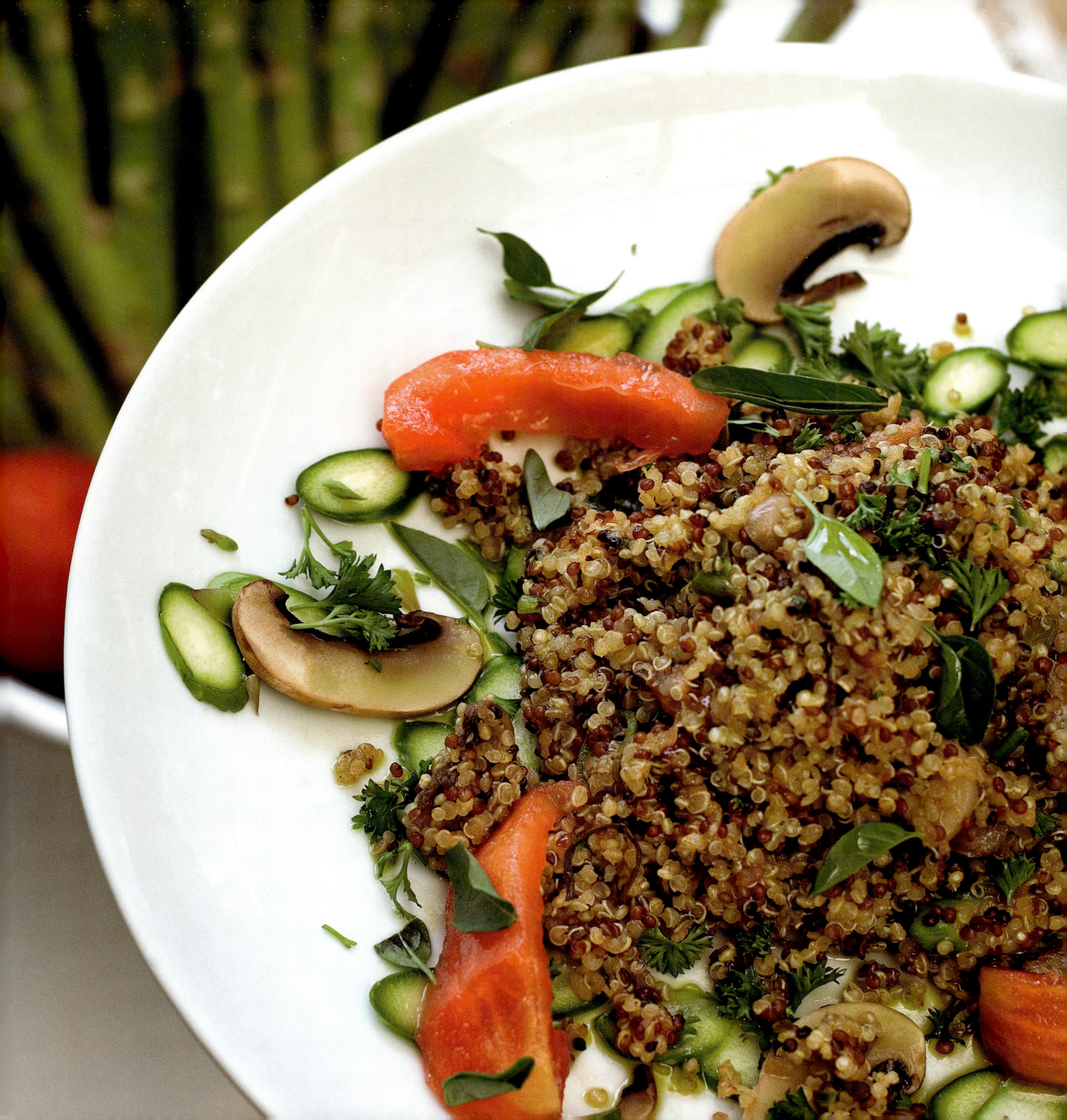

Salada de quinoa com manga, castanha-do-pará, alga e gengibre

rendimento: 4 porções

1 colher (chá) de alga hijiki
4 colheres (sopa) de água
1 xícara de quinoa preta
1/2 xícara de quinoa vermelha
3 xícaras de caldo de legumes (ver p. 128)
suco e raspa de 1 1/2 limão
1/2 xícara de azeite de oliva extravirgem
1/2 colher (chá) de sal marinho
2 colheres (chá) de gengibre picado finamente
1/2 xícara de pimentão vermelho em cubinhos de 0,5 cm
1/2 xícara de castanha-do-pará em cubinhos de 0,5 cm
1/4 de xícara de ciboulette picada
1 1/2 xícara de manga madura mas firme
(de preferência o tipo Palmer) em cubinhos de 1 cm
1/4 de colher (chá) de curry
fatias de manga para enfeitar

◊ Numa tigela pequena, junte a alga e a água e deixe de molho por 15 minutos. Escorra e reserve. ◊ Lave as quinoas em água corrente, revolvendo os grãos para que fiquem limpos por igual. ◊ Numa panela, junte as quinoas e o caldo de legumes. Cozinhe em fogo alto. Quando ferver, abaixe o fogo e cozinhe com a panela tampada por 20 minutos. Quando a quinoa estiver pronta, coloque numa tigela para interromper o cozimento. ◊ Enquanto isso, numa saladeira, junte o suco e a raspa de limão, o azeite, o sal, o gengibre, o pimentão, a castanha, a alga, a ciboulette e a manga e misture. ◊ Quando a quinoa estiver completamente fria, junte-a aos outros ingredientes. Leve à geladeira por 30 minutos. ◊ Sirva colocando um montinho da quinoa sobre lâminas de manga espalhadas pelo prato. Polvilhe com o curry. ◊ **Dica** Essa receita fica melhor quando feita de véspera.

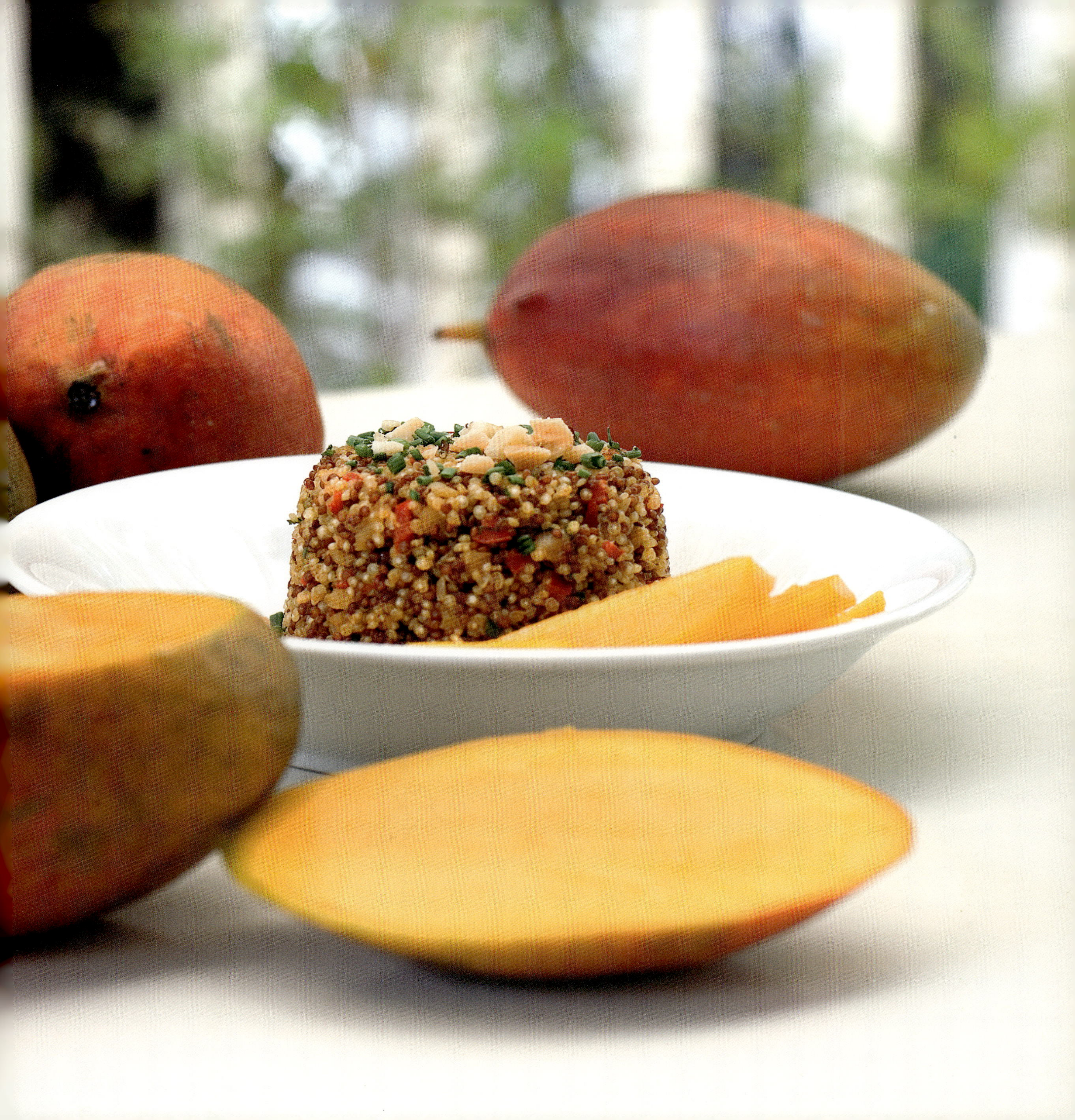

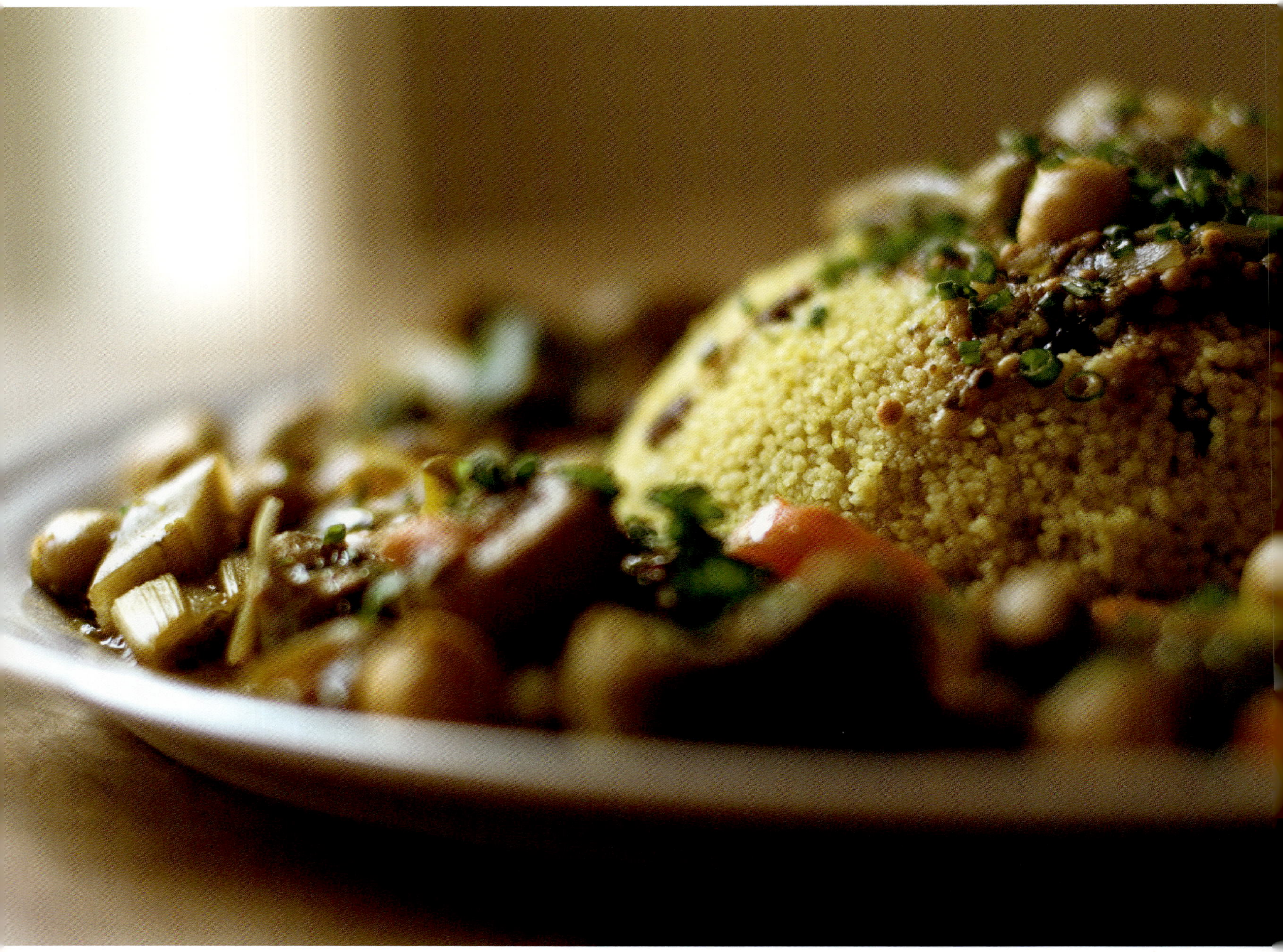

Couscous marroquino com grão-de-bico e legumes

rendimento: 8 porções

Couscous

2 xícaras de caldo de legumes (ver p. 128)
1/2 colher (chá) rasa de cúrcuma
2 colheres (sopa) de azeite de oliva extravirgem
1/2 colher (chá) de sal marinho
3 xícaras de couscous marroquino
1 xícara de uva-passa preta

Cozido de legumes

1 xícara de grão-de-bico
3 xícaras de água
1/2 xícara de amêndoa cortada em 3 pedaços
2 xícaras de abóbora japonesa, sem casca em cubos de 2 cm
5 colheres (sopa) de azeite de oliva extravirgem
1 xícara de cebola picada em cubinhos de 0,5 cm
1/2 colher (chá) de canela em pó
1/4 de colher (chá) de cravo-da-índia em pó
1/2 colher (chá) de semente de coentro
1 colher (sopa) de semente de mostarda
1 colher (chá) de cominho em pó
1 colher (sopa) de gengibre picado
1/2 colher (chá) de páprica picante
1 1/2 xícara de bardana em pedaços de 1 cm cortados em diagonal
1 xícara de erva-doce em pedaços de 2 cm
1 1/2 xícara de nabo em cubos de 2 cm
1 1/4 de xícara mais 1 colher (sopa) de caldo de legumes
1/4 de xícara de molho de tomate (ver p. 128)
1 colher (chá) de sal marinho
2 xícaras de aspargo em pedaços
1 xícara de ervilha-torta em pedaços cortados em diagonal
1/4 de xícara de cebolinha picada
1/4 de xícara de folhas de salsinha picadas

Couscous Numa panela, junte o caldo de legumes, a cúrcuma, metade do azeite e o sal e ferva. Desligue a chama e junte o couscous. Mexa com um garfo por 30 segundos para não empelotar. Mantenha tampado por 2 minutos. Revolva de novo com o garfo para soltar os grãos. Tampe por mais 1 minuto. Revolva novamente com o garfo. Adicione o azeite restante e a uva-passa e misture. **Cozido de legumes** Deixe o grão-de-bico de molho por uma noite. Numa panela de pressão, junte o grão-de-bico escorrido e 3 xícaras de água. Tampe a panela e leve ao fogo. Quando começar a apitar, abaixe o fogo e cozinhe por 30 minutos. Desligue o fogo e deixe perder a pressão naturalmente. Escorra e reserve. Enquanto isso, coloque a amêndoa numa assadeira e leve ao forno médio (180ºC) para tostar por 10 minutos. Reserve. Numa panela para cozimento a vapor, cozinhe a abóbora por 10 minutos (se não tiver a panela, coloque a abóbora numa assadeira, cubra e asse em forno médio por 10 minutos). Reserve. Numa frigideira grande, coloque 2 colheres de sopa de azeite e doure em fogo médio a cebola por 2 minutos ou até que fique translúcida. Acrescente os temperos, mexendo com colher de pau. Abaixe o fogo, junte a bardana e cozinhe por 2 minutos. Depois acrescente a erva-doce e cozinhe por mais 2 minutos. Junte o nabo e 1 colher de sopa do caldo de legumes. Tampe e cozinhe por 3 minutos. Adicione o molho de tomate, metade do sal e cozinhe por mais 2 minutos. Junte o aspargo e 1/4 de xícara do caldo de legumes, tampe e cozinhe por mais 3 minutos. Acrescente o grão-de-bico, 1/2 xícara de caldo de legumes e cozinhe tampado por mais 5 minutos. Coloque a abóbora, a ervilha-torta, o sal restante e 1/2 xícara de caldo de legumes. Tampe e deixe no fogo por mais 5 minutos. Desligue o fogo. Junte a cebolinha e a salsinha e misture. **Finalização** Num prato de servir, coloque o couscous e por cima e em volta o cozido de legumes, salpique com amêndoa e regue com o azeite restante.

saladas

Salada verde com duas ameixas e molho de framboesa

rendimento: 1 porção

Molho
1/2 xícara de framboesa congelada
2 colheres (sopa) de azeite de oliva extravirgem
1 colher (sopa) de vinagre balsâmico
1 colher (chá) de melado de cana
1/4 de colher (chá) de sal marinho

Salada
2 colheres (sopa) de nozes cortadas ao meio
1 ameixa vermelha madura mas firme
1 ameixa amarela madura mas firme
2 xícaras de folhas de rúcula
1 xícara de folhas de alface-roxa
1 xícara de folhas de alface-crespa
1/2 xícara de folhas de salsinha
2 colheres (sopa) de queijo chancliche

◊ **Molho** Deixe as framboesas descongelarem naturalmente. Numa tigela pequena, misture os demais ingredientes com um batedor de arame até que o molho esteja cremoso e emulsionado. Junte as framboesas. ◊ **Salada** Coloque as nozes numa assadeira e asse em forno médio (180ºC) preaquecido por 10 minutos ou até tostar. Reserve. ◊ Divida as ameixas ao meio, retire o caroço e corte em tiras. ◊ Num prato individual, coloque as folhas rasgadas, a salsinha, a ameixa e o queijo em pedaços pequenos. Tempere com o molho e salpique com as nozes. Sirva.

Salada de ervilha-torta, aspargo e laranja kinkan em vinagrete de limão-cravo e dill

rendimento: 4 porções

Molho
1/4 de xícara de azeite de oliva extravirgem
suco de 1 limão-cravo
1/2 colher (chá) de mel
1 colher (chá) cheia de dill seco
1/4 de colher (chá) de sal marinho

Salada
1 xícara de ervilha-torta em pedaços de 2 cm cortados em diagonal
1 xícara de aspargo em pedaços de 2 cm cortados em diagonal
1 xícara de laranja kinkan, sem caroço, em rodelas finas
1/2 xícara de castanha de caju torrada

◊ **Molho** Numa tigela pequena, misture os ingredientes com um batedor de arame até que o molho esteja cremoso e emulsionado. ◊ **Salada** Em pratos individuais, distribua a ervilha-torta, o aspargo e a laranja e misture. Tempere com o molho. Salpique com castanha e sirva.

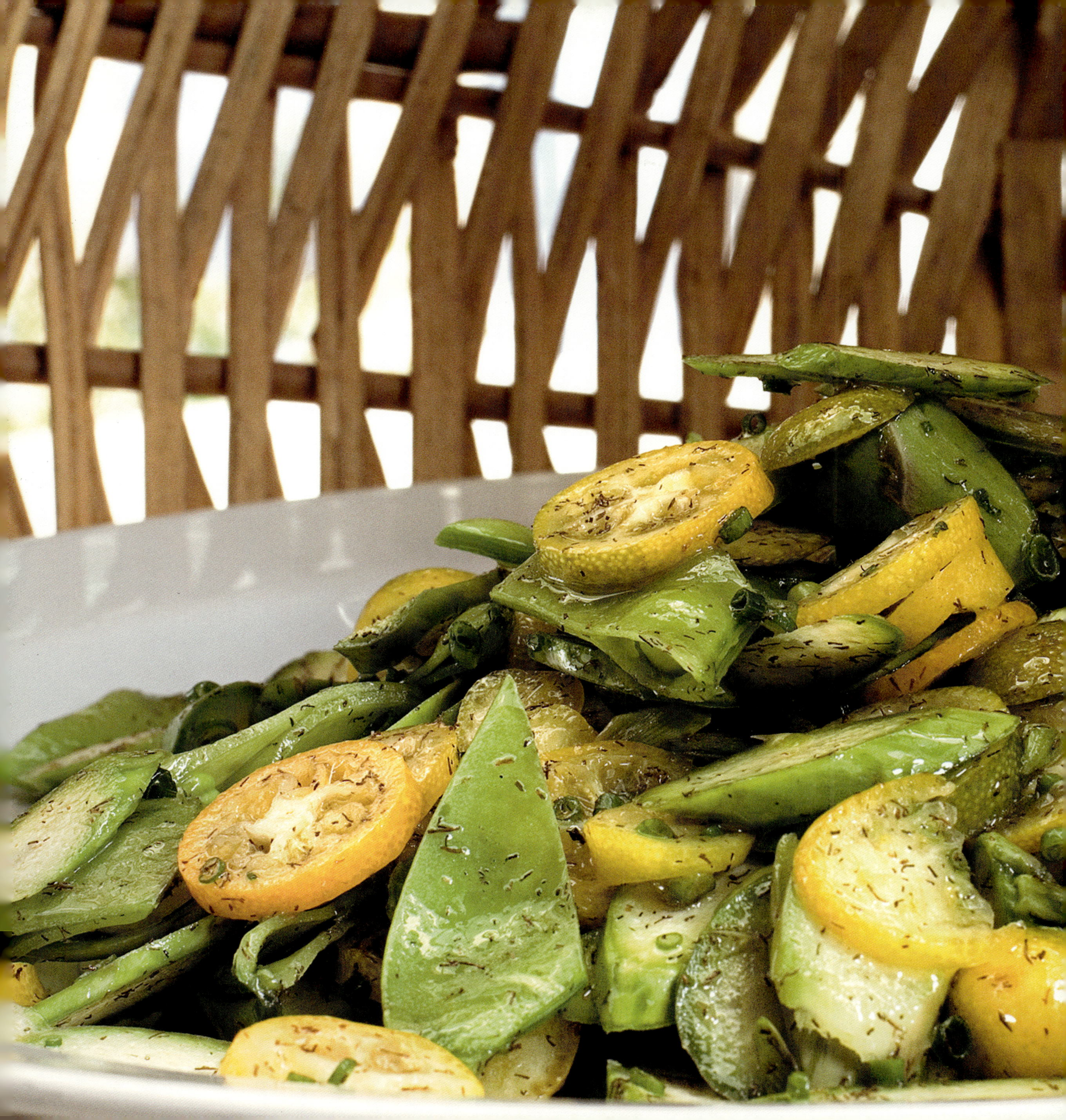

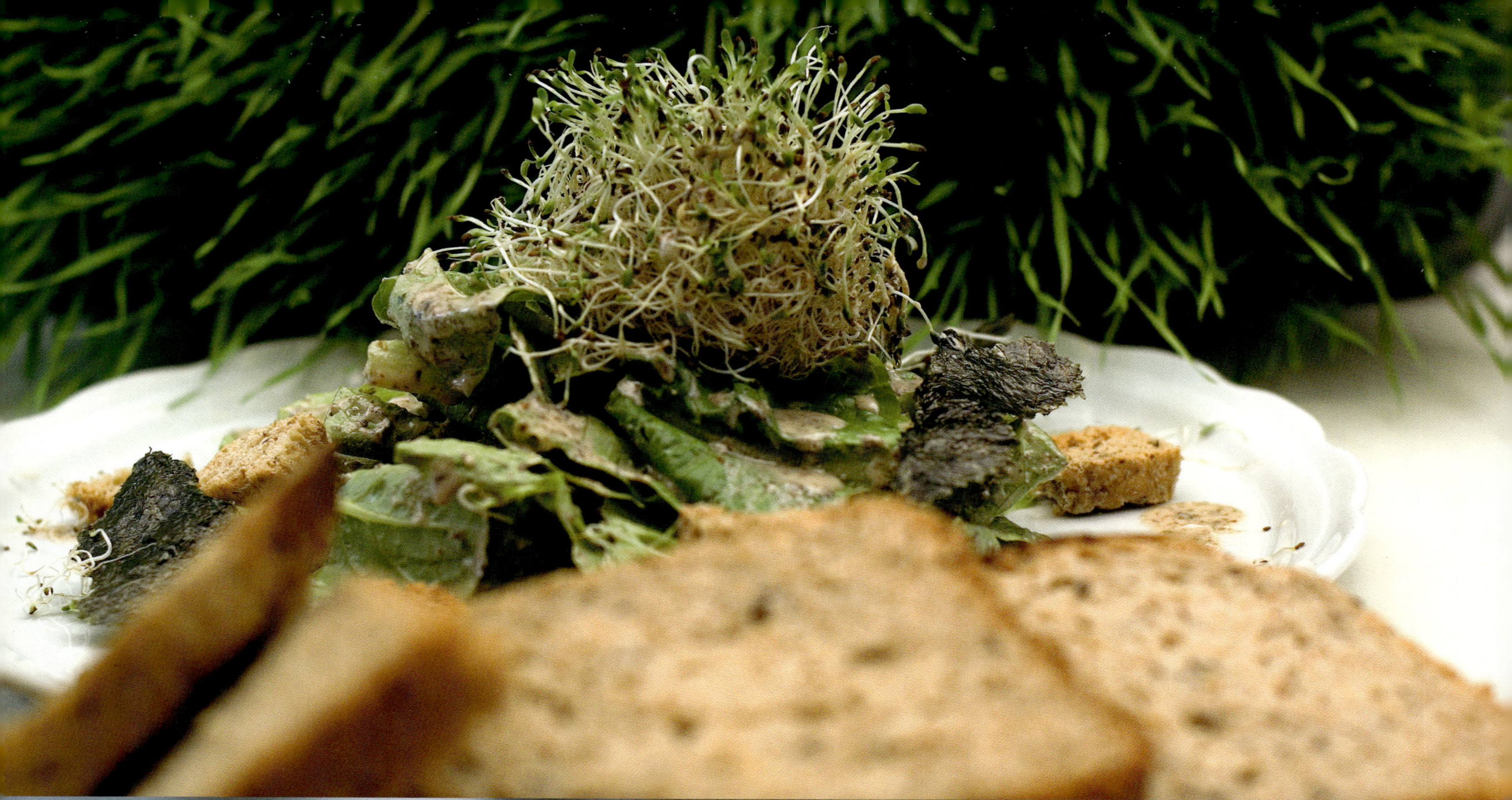

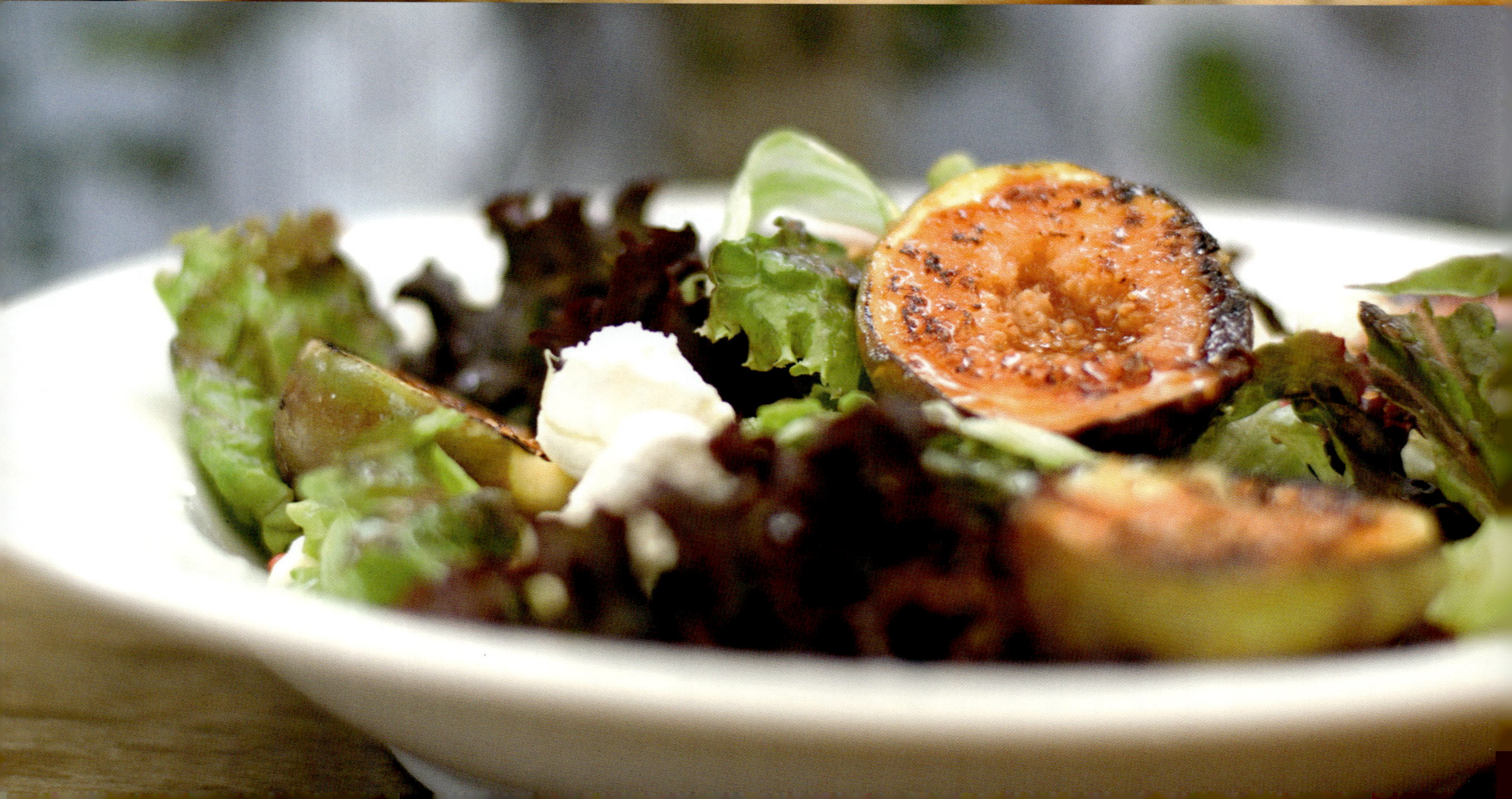

Salada Ceasar vegetariana com alga nori e molho de tofu

rendimento: 1 porção

Molho

4 colheres (sopa) de azeite de oliva extravirgem
2 colheres (sopa) de suco de limão
1 ameixa umeboshi
1 folha de alga nori
2 colheres (sopa) de mostarda
1/4 de xícara de água
1/2 xícara de tofu mole
1/4 de colher (chá) de sal marinho

Salada

2 fatias de pão integral 5 grãos
1 folha de alga nori
4 xícaras de folhas de alface-romana
1 punhado de broto de alfafa

Molho Bata todos os ingredientes no liquidificador até formar um creme homogêneo. **Salada** Corte cada fatia de pão em 8 pedaços iguais. Coloque numa assadeira e asse em forno médio (180ºC) preaquecido por 15 minutos ou até ficarem dourados. Reserve. Acenda a chama do fogão e passe rapidamente a folha de alga por 1 minuto de cada lado ou até que fique crocante. Quebre em pedaços pequenos e irregulares. Reserve. Numa tigela, coloque as folhas de alface rasgadas e tempere com 2 colheres de sopa do molho. Revire cuidadosamente com uma pinça de inox para que o molho fique impregnado em todas as folhas. Coloque as folhas num prato individual, distribua a alga e os pedaços de pão e coloque um montinho de broto de alfafa no centro. Se desejar, regue com mais molho e sirva.

Salada verde com figo grelhado e molho de maçã e iogurte

rendimento: 1 porção

Molho

1/4 de xícara de azeite de oliva extravirgem
1 1/2 colher (sopa) de vinagre de maçã
1 colher (chá) de mel
1 colher (chá) de coentro em grão
1/4 de colher (chá) de sal marinho

Salada

1 xícara de folhas de alface-americana
1 xícara de folhas de rúcula
1 xícara de folhas de alface-roxa
1 xícara de folhas de alface-crespa
2 colheres (sopa) de iogurte natural
1/2 colher (chá) de azeite de oliva extravirgem
2 figos maduros mas firmes com casca cortados ao meio
5 bolinhas de queijo de cabra fresco
1/4 de xícara de folhas de salsinha

Molho Numa tigela pequena, misture os ingredientes com um batedor de arame até que o molho esteja cremoso e emulsionado. **Salada** Numa tigela, coloque as folhas rasgadas e o iogurte e tempere com o molho. Revire cuidadosamente com uma pinça de inox para que o molho fique impregnado em todas as folhas. Coloque num prato invidudual. Numa frigideira, esquente o azeite em fogo alto. Disponha as 4 metades dos figos e doure por 2 minutos de cada lado. Distribua os figos sobre as folhas com a casca virada para baixo. Distribua o queijo de cabra e a salsinha e sirva.

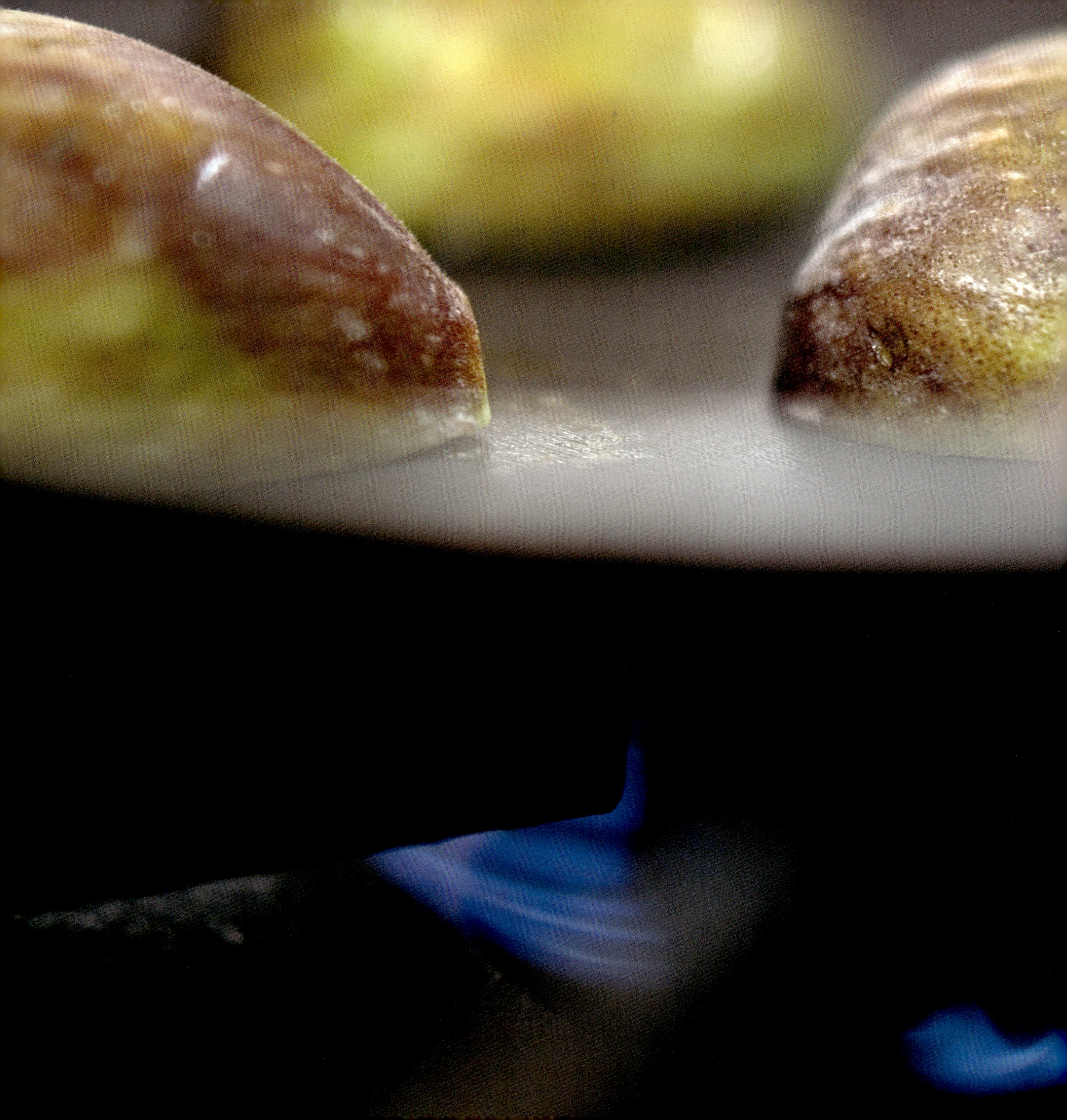

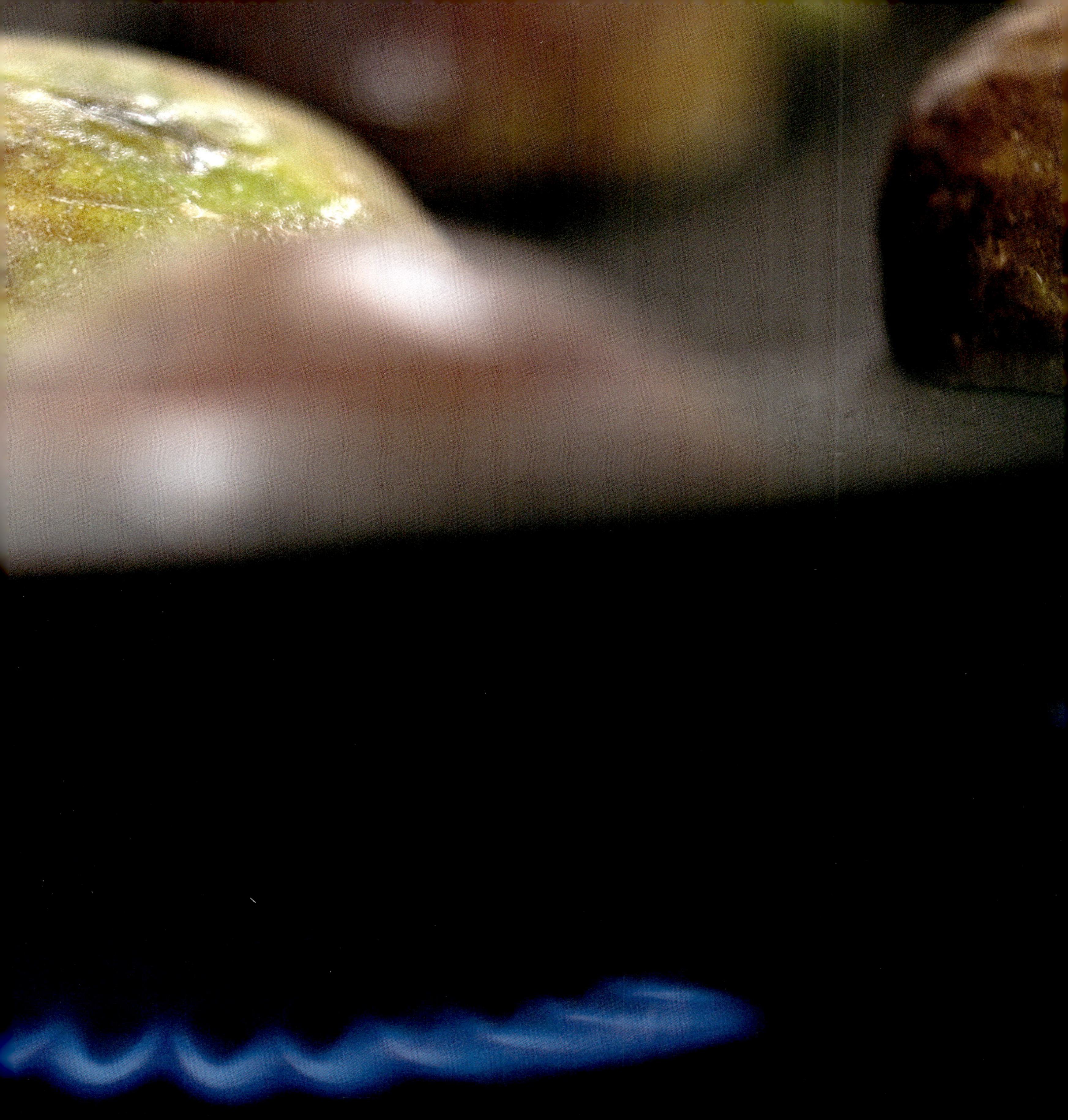

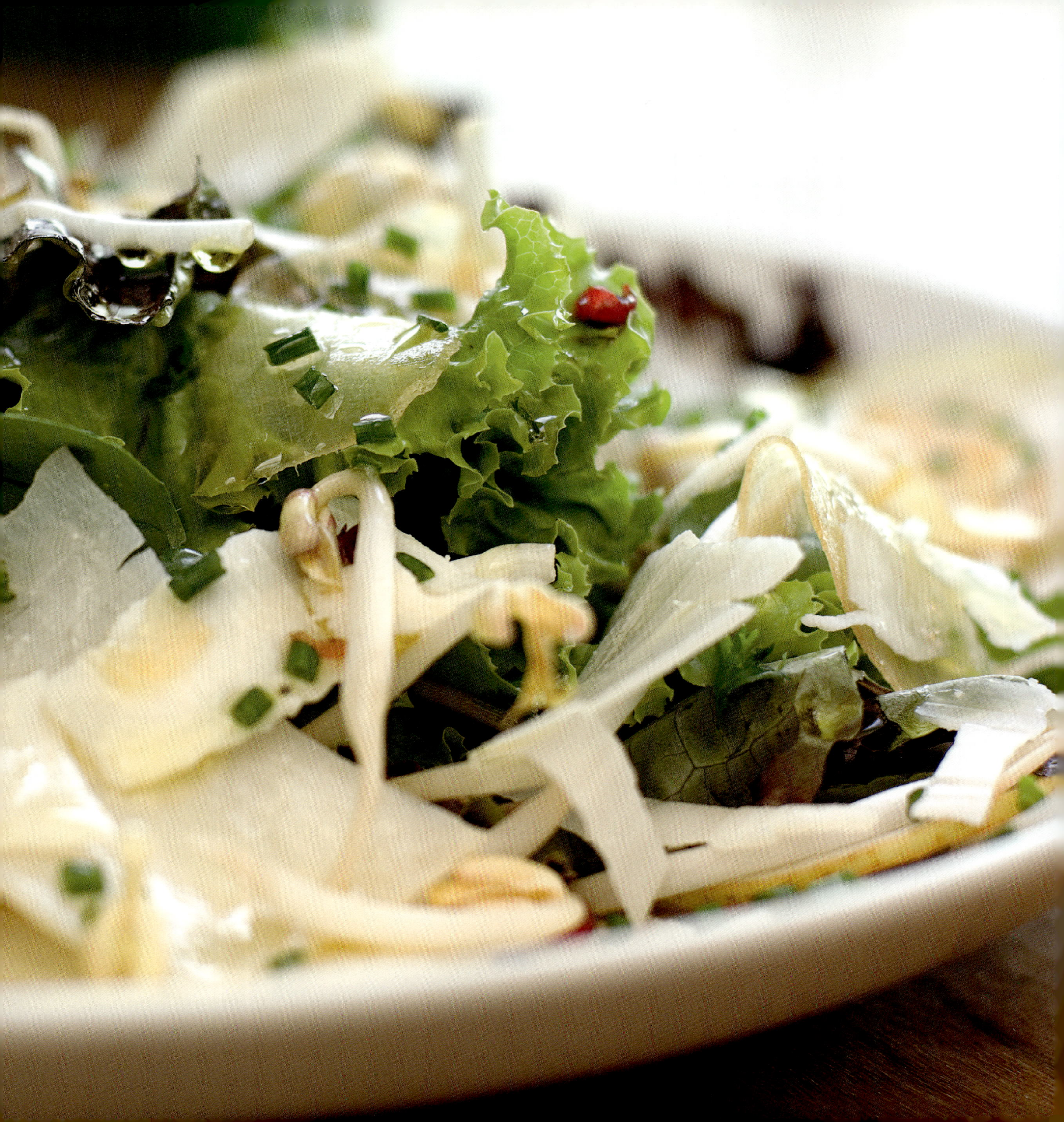

Salada refrescante de pera, queijo de cabra e gengibre

rendimento: 1 porção

Molho

1/4 de xícara de azeite de oliva extravirgem
2 colheres (sopa) de vinagre de cana-de-açúcar
1 colher (chá) de mel
1/2 colher (chá) de pimenta rosa
1/2 colher (chá) de kümmel
1/2 colher (chá) de coentro em grão
1/2 colher (chá) de sal marinho

Conserva de gengibre

1/4 de xícara de mel de laranjeira
1/4 de xícara de vinagre de arroz
1 xícara de gengibre
2 xícaras de água

Salada

1 xícara de folhas de alface-crespa
1 xícara de folhas de alface-roxa
1 xícara de folhas de rúcula
1 xícara de folhas de agrião
1/2 pera asiática ou portuguesa com casca em fatias finas
1/4 de xícara de rabanete em rodelas cortadas em meias-luas
2 colheres (sopa) de conserva de gengibre
1/4 de xícara de queijo frescal de cabra em pedaços
1/2 colher (chá) de folhas de tomilho
2 colheres (sopa) de amêndoa em lâminas tostadas

◊ **Molho** Numa tigela pequena, misture os ingredientes com um batedor de arame até que o molho esteja cremoso e emulsionado. ◊ **Conserva de gengibre** Numa tigela, misture o mel e o vinagre. Reserve. ◊ Descasque o gengibre com uma colher, retirando-lhe toda a casca. Corte em fatias finas. ◊ Numa panela, cozinhe o gengibre com a água por 40 minutos. Escorra bem, passe na água fria e coloque imediatamente na mistura de mel e vinagre. Misture e deixe esfriar. Quando estiver completamente frio, leve à geladeira em recipiente tampado por até 2 meses. ◊ **Salada** Num prato individual, coloque as folhas rasgadas, distribua a pera, o rabanete, o gengibre e o queijo de cabra. Tempere com o molho. Salpique com o tomilho e a amêndoa. Sirva.

Salada oriental de laranja, alga e sementes

rendimento: 1 porção

Molho

2 colheres (sopa) de azeite de oliva extravirgem
1/2 colher (chá) de raspa de laranja
2 colheres (sopa) de suco de laranja
1 colher (sopa) de semente de mostarda tostada
1/2 colher (chá) de gengibre picado
1 colher (sopa) mais 1/2 colher (chá) de vinagre de arroz
1 colher (sopa) de óleo de gergelim prensado a frio
1/2 colher (chá) de alho picado
1/2 colher (chá) de mel
1 pitada de sal marinho

Nabo marinado

1/2 xícara de nabo em rodelas cortadas em meias-luas
1 colher (sopa) de mostarda de Dijon
1 colher (sopa) de mel
1/2 colher (chá) de semente de mostarda tostada
1/4 de colher (chá) de sal marinho

Salada

1 colher (sopa) de alga wakame deixada de molho em água fria por 10 minutos
1 laranja-pera sem casca e sem a película branca
1 xícara de folhas de alface-roxa
1 xícara de folhas de agrião
1 xícara de folhas de alface-americana
1 xícara de folhas de rúcula
1 colher (chá) de semente de gergelim
1 colher (chá) de semente de linhaça dourada
1 colher (chá) de semente de girassol

◊ **Molho** Coloque todos os ingredientes no liquidificador e bata por 30 segundos. Reserve. ◊ **Nabo marinado** Numa tigela, junte todos os ingredientes e deixe marinar por 30 minutos. ◊ **Salada** Escorra a alga e esprema bem para retirar toda a água. Reserve. Separe a laranja em gomos, retirando a pele que separa os gomos e os caroços. Reserve. ◊ Num prato individual, disponha as folhas rasgadas. Distribua o nabo, a laranja e a alga. ◊ Tempere com o molho e salpique com o gergelim, a linhaça e o girassol. ◊ O molho que sobrar pode ser guardado em embalagem fechada na geladeira por até 3 dias.

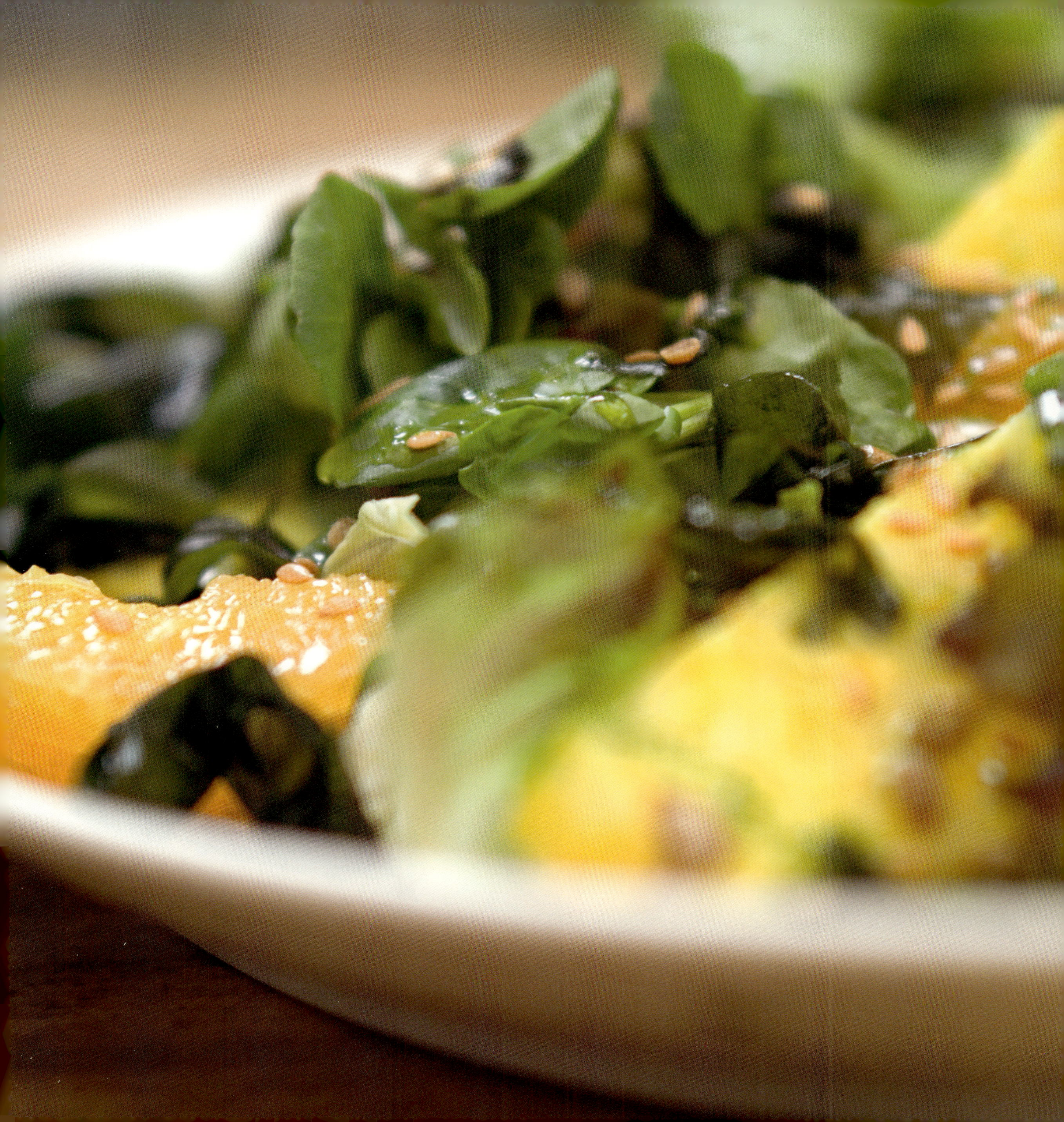

massas

Espaguete ao leite de amêndoa, manjericão e pimenta rosa

rendimento: 5 a 6 porções
material: 1 chinois (peneira fina de inox)

2 xícaras de amêndoa
5 xícaras de caldo de legumes (ver p. 128)
1 colher (sopa) de azeite de oliva extravirgem
2 colheres (sopa) de cebolinha (parte branca) picada finamente
4 colheres (sopa) de folhas de manjericão
2 colheres (chá) de pimenta rosa moída
3/4 de xícara de vinho branco seco
500 g de espaguete integral de grano duro cozido al dente
1 colher (chá) de pimenta rosa
1/4 de xícara de amêndoa em lâminas tostadas
azeite de oliva extravirgem para regar

Numa tigela, coloque a amêndoa e cubra com água. Deixe de molho por 12 horas. Escorra. Bata no liquidificador a amêndoa com metade do caldo de legumes. Quando estiver bastante triturada, adicione o caldo restante e bata mais. Coloque um chinois sobre uma bacia e escorra a mistura de amêndoa, apertando com uma colher para espremer todo o seu leite. Descarte a polpa da amêndoa e reserve 1 litro desse leite. Numa frigideira grande, coloque o azeite, a cebolinha, 2 colheres de sopa do manjericão e a pimenta rosa moída e cozinhe em fogo baixo por 1 minuto. Adicione o vinho e deixe evaporar. Acrescente o leite da amêndoa e o espaguete cozido. Misture e cozinhe por mais 7 minutos ou até que o leite da amêndoa tenha engrossado um pouco. Distribua em pratos individuais, salpicando com as folhas de manjericão restantes, a pimenta rosa e a amêndoa tostada. Regue com azeite e sirva imediatamente.

Espaguete com molho de betacaroteno, azeitona e manjericão

rendimento: 5 porções

10 azeitonas pretas cortadas ao meio
4 colheres (sopa) de azeite de oliva extravirgem
1/4 de colher (chá) de páprica picante
1 colher (sopa) de ciboulette picada
1 xícara de cenoura em pedaços de 2 cm
1 xícara de beterraba em pedaços de 2 cm
5 xícaras de caldo de legumes (ver p. 128)
1 xícara de abóbora japonesa sem casca em cubos de 2 cm
1 dente de alho picado finamente
1 xícara de tomate, sem pele e sem semente, em pedaços de 2 cm
1 colher (chá) de sal marinho
1 colher (sopa) de folhas de manjericão
500 g de espaguete integral de grano duro cozido al dente
1/2 xícara de queijo parmesão ralado

Numa tigela pequena, junte a azeitona, 3 colheres de sopa de azeite, a páprica e a ciboulette e deixe marinar por 2 horas. Numa panela, junte a cenoura e a beterraba com metade do caldo de legumes e ferva. Abaixe o fogo e cozinhe por 10 minutos. Acrescente a abóbora e cozinhe por mais 10 minutos. Retire do fogo e deixe ficar morno. Bata no liquidificador e reserve. Na mesma panela, coloque o azeite restante e o alho e doure em fogo baixo por 1 minuto. Junte o molho e o caldo de legumes restante. Quando ferver, acrescente o tomate e o sal e cozinhe por mais 3 minutos. Misture a massa e o molho. Distribua em pratos individuais e coloque um pouco da marinada de azeitona por cima. Polvilhe com queijo parmesão. Sirva imediatamente.

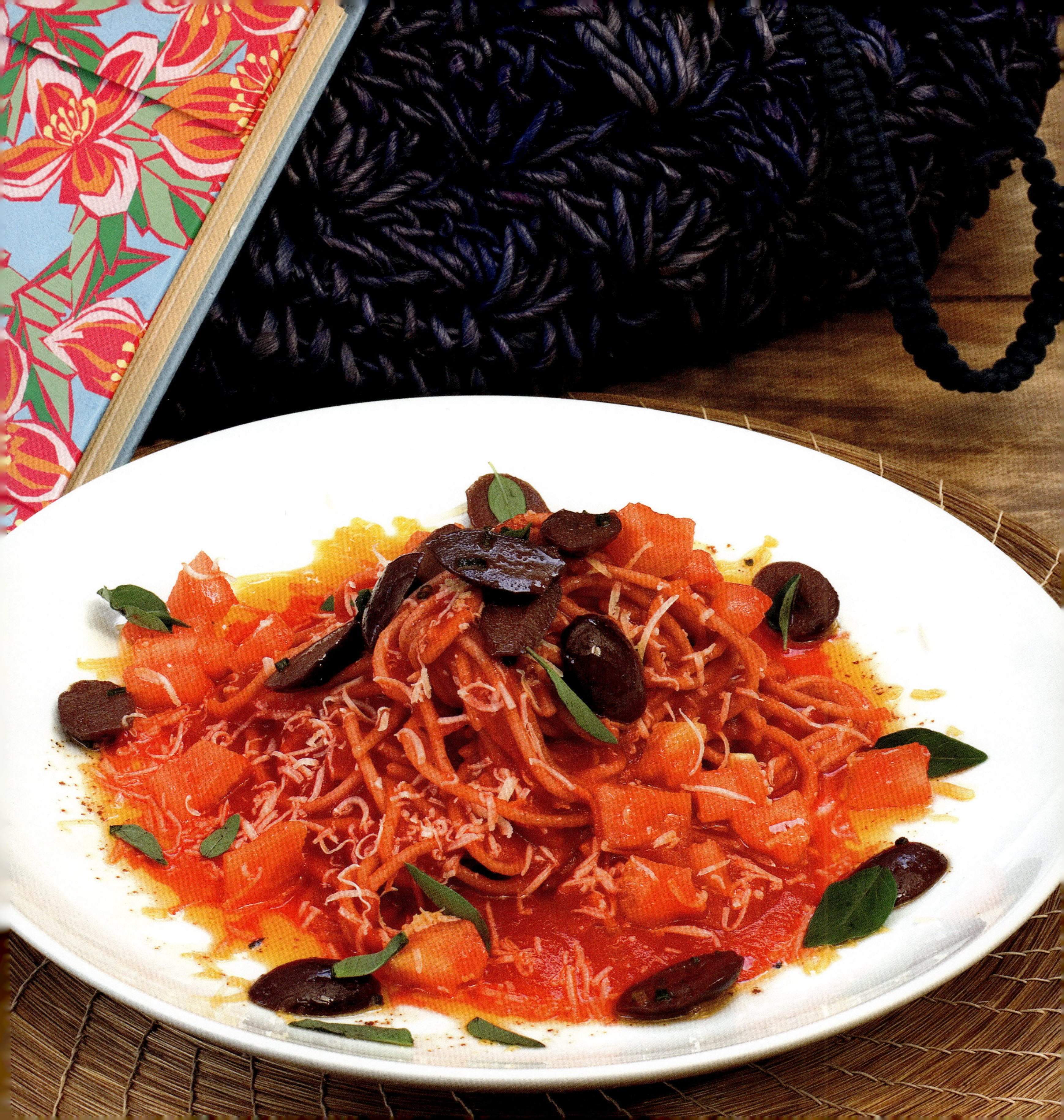

Penne ao molho de tahine, grão-de-bico e hortelã

rendimento: 5 porções

Massa

1 xícara de grão-de-bico

5 tomates quase maduros, sem pele e sem semente, cortados em 8 gomos

1/4 de xícara de azeite de oliva extravirgem

2 colheres (sopa) de folhas de manjericão

1 colher (chá) de sal marinho

3 xícaras de água

500 g de penne integral de grano duro cozido al dente

3 colheres (sopa) de folhas de hortelã

6 colheres (sopa) de queijo parmesão ralado

Molho de tahine

1 xícara de tahine

2 3/4 xícaras de água

1 dente de alho pequeno

1 colher (chá) rasa de sal marinho

2 colheres (chá) de mel

Deixe o grão-de-bico de molho por uma noite. Escorra. Numa tigela, misture o tomate, o azeite, o manjericão e o sal. Deixe marinar por 1 hora. Numa panela de pressão, coloque o grão-de-bico e a água. Tampe a panela e leve ao fogo. Quando começar a apitar, abaixe o fogo e cozinhe por 30 minutos. Deixe a panela perder a pressão naturalmente. Escorra. Enquanto isso, faça o molho de tahine batendo todos os ingredientes no liquidificador. Numa panela grande, coloque o grão-de-bico e o molho de tahine. Quando ferver, junte o tomate e cozinhe por 30 segundos. Acrescente a massa e a hortelã e cozinhe por mais 30 segundos. Distribua em pratos individuais e polvilhe com queijo parmesão.

Penne com ricota, tomate marinado, trio de ervas e alho assado

rendimento: 5 porções

10 dentes de alho, sem casca, cortados ao meio

2 1/2 xícaras de tomate, sem pele e sem semente, cortado em gomos de 2 cm

1 colher (chá) de sal marinho

3/4 de xícara de azeite de oliva extravirgem

500 g de penne integral de grano duro cozido al dente

2 xícaras de ricota (de preferência da marca Gióia)

1/4 de xícara de folhas de salsinha picadas

1/4 de xícara de ciboulette picada

1/4 de xícara mais 3 colheres (sopa) de folhas de manjericão

3/4 de xícara de queijo parmesão ralado

Embrulhe os dentes de alho numa folha de papel-de-alumínio e asse em forno médio (180ºC) preaquecido por 10 a 15 minutos ou até estarem macios. Coloque numa tigela com um fio de azeite e reserve. Numa tigela pequena, coloque o tomate, o sal e o azeite para marinar por 1 hora. Numa tigela grande, misture o penne, a ricota, o tomate, a salsinha, a ciboulette e 1/4 de xícara de manjericão. Distribua em pratos individuais, coloque 4 metades de alho por cima, polvilhe com queijo parmesão e o manjericão restante.

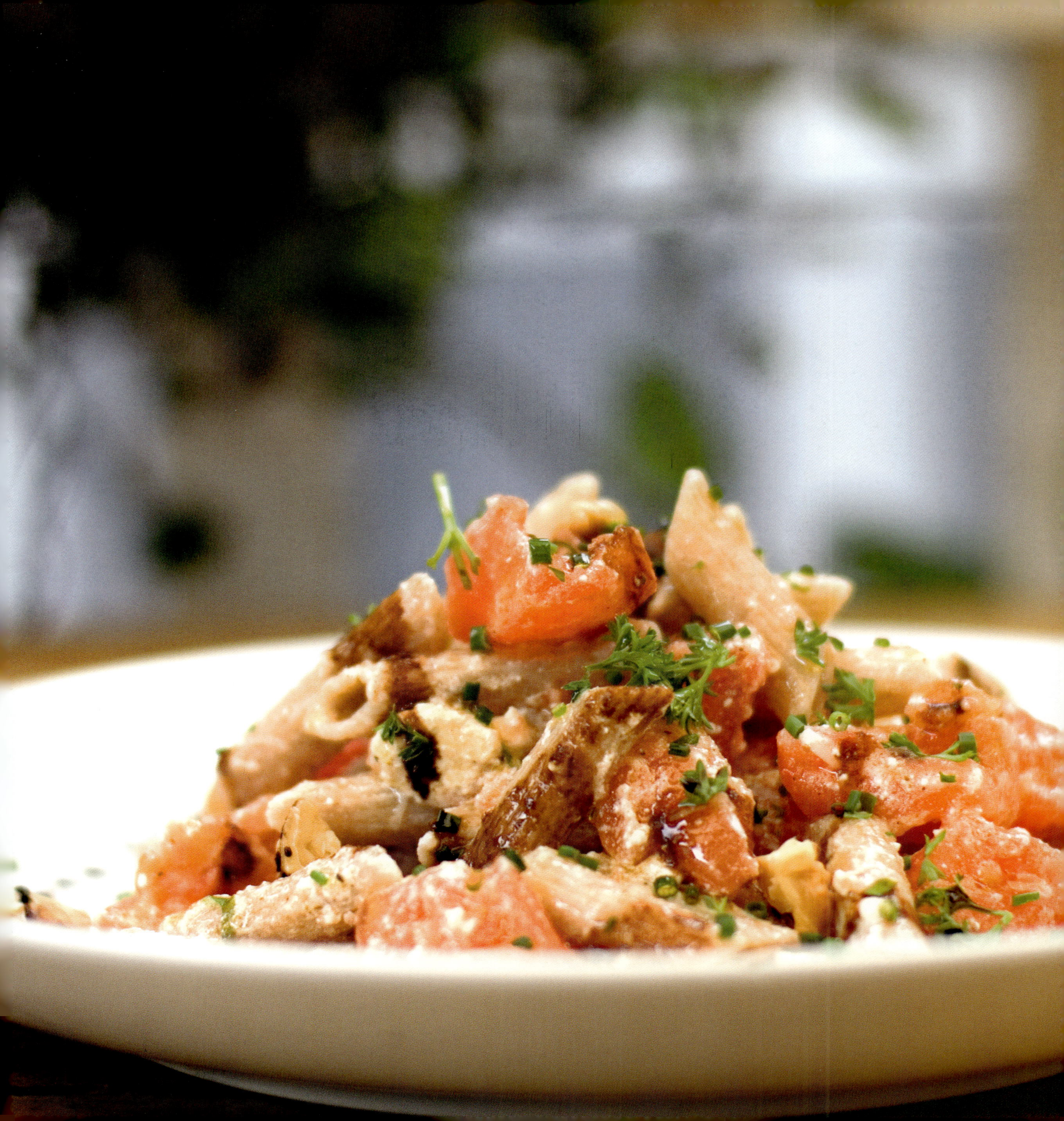

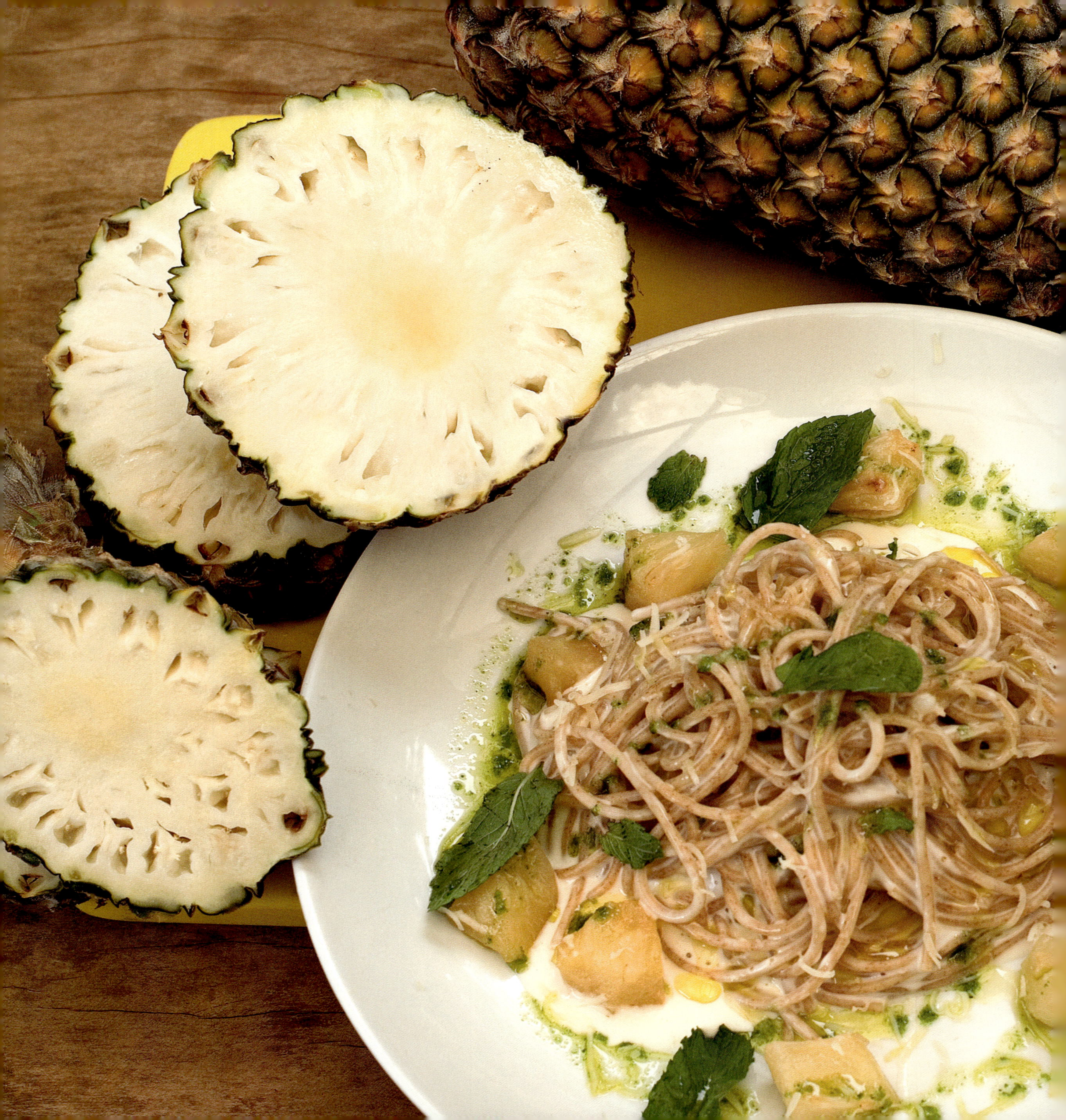

Espaguete com abacaxi grelhado, hortelã e molho de limão

rendimento: 5 porções

6 fatias de abacaxi em cubos de 2 cm
1/2 xícara de suco de limão
4 xícaras de creme de leite fresco
1 colher (chá) de sal marinho
2 colheres (sopa) de raspa de limão
500 g de espaguete integral de grano duro cozido al dente
5 colheres (sopa) de queijo parmesão ralado grosso
1/2 xícara de folhas de hortelã

🧄 Distribua o abacaxi numa assadeira e leve ao forno médio (180°C) preaquecido por 15 minutos, virando de lado na metade do tempo. 🧄 Numa panela, ferva o suco de limão e, mexendo sempre, cozinhe em fogo médio por 1 minuto. 🧄 Adicione o creme de leite e cozinhe por mais 5 minutos, mexendo sem parar com colher de pau. Junte o sal. Desligue o fogo e acrescente a raspa de limão, a massa e o abacaxi e misture. Distribua em pratos individuais e polvilhe com o queijo parmesão e a hortelã. Sirva imediatamente.

Penne ao pesto de dois tomates e manjericão

rendimento: 5 porções

1/4 de xícara de tomate seco escorrido de seu óleo
1/2 xícara de tomate, sem pele e sem semente, picado
1/4 de xícara de castanha-do-pará em pedaços
3/4 de xícara de azeite de oliva extravirgem
1/4 de colher (chá) de sal marinho
4 colheres (sopa) de folhas de manjericão
500 g de penne integral de grano duro cozido al dente
1/2 xícara de queijo parmesão ralado

🧄 Bata no processador de alimentos os tomates, a castanha, o azeite, o sal e metade do manjericão. Reserve. 🧄 Numa tigela, misture a massa e o molho. Distribua em pratos individuais, salpique com o manjericão restante e polvilhe com o queijo parmesão. Sirva imediatamente.

Espaguete com abóbora assada e molho de salsinha

rendimento: 5 a 6 porções

2 xícaras de tomate quase maduro, sem pele e sem semente, em cubos de 1 cm
4 colheres (sopa) de azeite de oliva extravirgem
1 1/2 colher (chá) de sal marinho
3 xícaras de abóbora japonesa sem casca em cubos de 2 cm
2 1/4 de xícaras de leite
1/4 de xícara de farinha de trigo
2 xícaras de creme de leite fresco
1 xícara de folhas de salsinha inteiras
1 colher (sopa) de cebola picada finamente
500 g de espaguete integral de grano duro cozido al dente
2 colheres (sopa) de folhas de salsinha picadas
1/2 xícara de queijo parmesão ralado

Numa tigela, misture o tomate, o azeite e 1/2 colher de chá de sal. Deixe marinar por 1 hora. Coloque a abóbora numa assadeira e asse em forno alto (220ºC) preaquecido, coberta com papel-alumínio por 30 minutos, virando de lado na metade do tempo. Numa panela, ferva 2 xícaras de leite. Enquanto isso, misture a farinha de trigo com 1/4 de xícara de leite. Assim que o leite ferver, acrescente a pasta de farinha e mexa sem parar com um batedor de arame por 1 minuto. Abaixe o fogo, acrescente o creme de leite e cozinhe por mais 5 minutos, mexendo sempre com o batedor. Bata no liquidificador com as folhas de salsinha inteiras, a cebola e o sal restante por 1 minuto. Volte o molho para a panela, junte a abóbora e a massa, misture e cozinhe em fogo baixo por 1 minuto. Distribua em pratos individuais, coloque um pouco do tomate marinado por cima, salpique a salsinha e polvilhe com queijo parmesão. Sirva imediatamente.

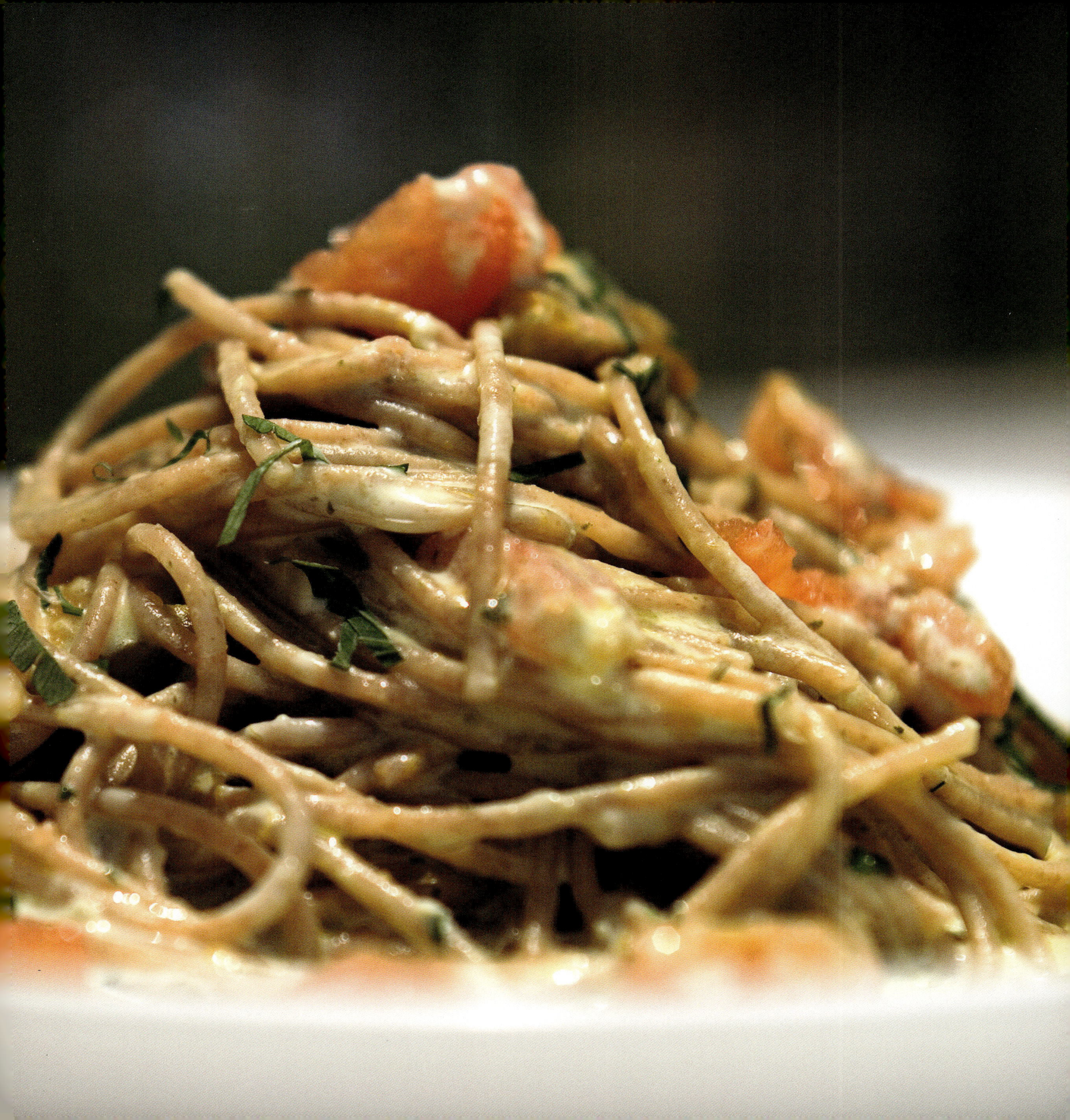

Polenta italiana com ragù de lentilha e amêndoa

rendimento: 8 porções

Polenta

4 xícaras de caldo de legumes (ver p. 128)
1 colher (chá) de sal marinho
1 colher (chá) cheia de açafrão
1 1/2 xícara de fubá italiano
2 xícaras de creme de leite fresco

Ragù de lentilha

1/4 de xícara de amêndoa cortada em 3 pedaços
1 xícara de lentilha libanesa
4 xícaras de caldo de legumes
1 colher (sopa) de azeite de oliva extravirgem
1 xícara de cebola em rodelas de 0,5 cm cortadas em meias-luas
2 colheres (chá) de pimenta rosa moída
1 1/2 xícara de tomate fresco, sem pele e sem semente, em pedaços de 1 cm
2 colheres (sopa) de folhas de manjericão
1 1/2 xícara de alho-poró em pedaços de 1 cm cortados em diagonal
1 1/2 xícara de cogumelo-de-paris em fatias
1 colher (chá) de sal marinho
1 xícara de molho de tomate (ver p. 128)
1/4 de xícara de ciboulette picada
4 colheres (sopa) cheias de queijo parmesão ralado

Polenta Numa panela, coloque o caldo de legumes, o sal, o açafrão e o fubá italiano, misture bem e leve ao fogo. Ferva em fogo baixo por 10 minutos, mexendo sempre com colher de pau. Acrescente o creme de leite em fio, sem parar de mexer, e cozinhe por mais 10 minutos. Coloque a polenta num pirex e deixe esfriar. **Ragù de lentilha** Numa assadeira, asse a amêndoa em forno médio (180ºC) preaquecido por 10 minutos. Reserve. Numa panela de pressão, coloque a lentilha e 2 xícaras do caldo de legumes. Tampe a panela de pressão e leve ao fogo. Quando começar a apitar, abaixe o fogo e cozinhe por 8 minutos. Retire a pressão e abra a panela. Em outra panela, coloque o azeite, a cebola e a pimenta rosa e salteie por 1 minuto. Acrescente o tomate e o manjericão e cozinhe em fogo médio por 3 minutos. Junte o alho-poró e cozinhe mais 2 minutos. Adicione o cogumelo e o sal marinho e deixe no fogo por mais 2 minutos. Misture para que os ingredientes não grudem na panela. Acrescente a lentilha, o caldo de legumes restante e o molho de tomate. Abaixe o fogo e cozinhe com a panela tampada por mais 15 minutos. **Finalização** Leve o pirex com a polenta ao forno alto (220ºC) para esquentar por 10 minutos. Corte a polenta em pedaços. Distribua em pratos individuais e regue com o ragù de lentilha. Salpique a amêndoa e a ciboulette e polvilhe com queijo parmesão. Sirva imediatamente.

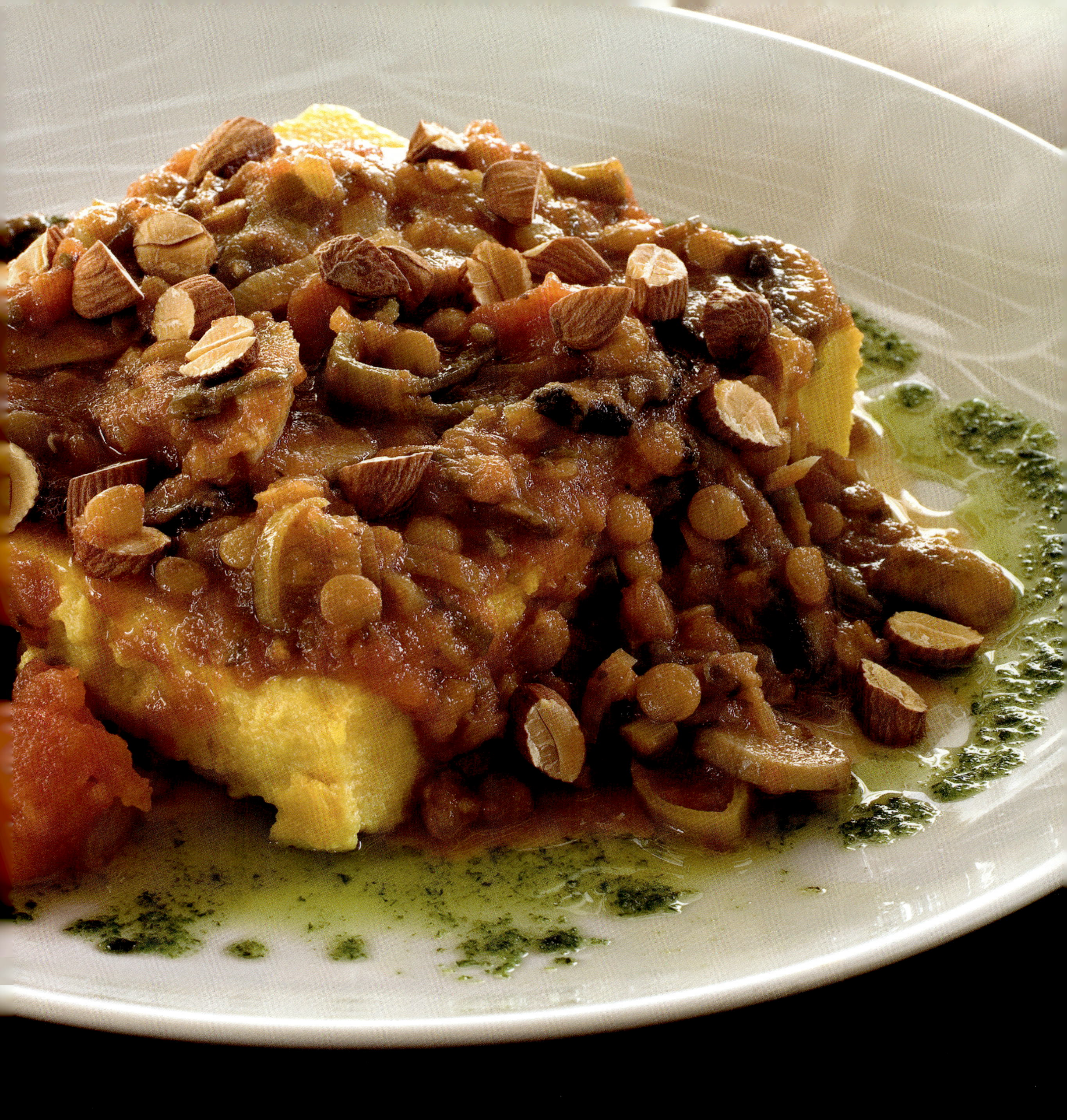

tortas e terrines

Torta de abóbora com ricota e mussarela de búfala

rendimento: 10 a 12 fatias

material: 1 fôrma redonda com fundo removível de 28 cm de diâmetro

Massa

1 xícara de farinha de trigo integral

1/2 xícara de farinha de trigo branca

1 colher (chá) de curry

1/2 xícara de manteiga

1 xícara de ricota amassada com o garfo

1 colher (sopa) de água filtrada

Recheio

6 xícaras de abóbora japonesa sem casca em cubos de 2 cm

1/2 xícara de leite

1 colher (sopa) de maisena

5 colheres (sopa) de caldo de legumes (ver p. 128)

1/2 xícara de cebola picada finamente

1 xícara de ricota amassada com o garfo

1/2 xícara de mussarela de búfala em fatias

1 colher (sopa) de folhas de salsinha picadas

1 colher (chá) cheia de sal marinho

1/2 colher (chá) de pimenta rosa moída

1/4 de colher (chá) de noz-moscada moída

2 colheres (sopa) de queijo parmesão ralado

1 colher (sopa) de folhas de manjericão

1 tomate-caqui em rodelas cortadas em meias-luas

Massa No processador de alimentos, bata as farinhas, o curry e a manteiga até formar uma massa uniforme. Junte a ricota e processe um pouco mais. Retire a massa e, se necessário, adicione a água para dar liga. Forme uma bola, envolva em filme plástico e deixe descansar por 10 minutos. Abra a massa com um rolo numa superfície enfarinhada e forre a fôrma. **Recheio** Numa panela para cozimento a vapor, cozinhe a abóbora por 15 minutos. Reserve. Numa panela pequena, coloque o leite e a maisena e cozinhe por 5 minutos sem parar de mexer com um batedor de arame. Reserve. Numa frigideira, aqueça o caldo, junte a cebola e refogue por 3 minutos. Acrescente a ricota e o creme de maisena e misture. Junte a abóbora e a mussarela de búfala. Tempere com salsinha, sal, pimenta rosa e noz-moscada. **Finalização** Espalhe o recheio sobre a torta. Asse em forno médio (180ºC) preaquecido por 45 minutos. Retire do forno e salpique com o queijo parmesão e o manjericão. Disponha o tomate em volta. Sirva imediatamente.

Terrine de iogurte, tahine e berinjela

rendimento: 10 a 12 fatias
material: 1 fôrma para pão de 26 x 13 x 5 cm

2 xícaras de berinjela em cubos de 1 cm
3 colheres (sopa) de azeite de oliva extravirgem
1 colher (chá) de alho picado
1/2 xícara de cebola picada finamente
1 colher (sopa) de tahine
1 colher (sopa) de ágar-ágar (gelatina)
1/4 de xícara de água
1 xícara de iogurte escorrido ou coalhada seca (ver p. 107)
2 colheres (chá) de zaatar
1/2 colher (chá) de pimenta-síria moída
1 colher (sopa) de folhas de salsinha picadas
1/4 de colher (chá) de açúcar
1 colher (chá) de sal marinho
1 colher (sopa) de ciboulette picada finamente
azeite de oliva extravirgem para untar

Numa assadeira, distribua a berinjela, cubra com papel-alumínio e asse em forno médio (180°C) preaquecido por 30 minutos. Deixe amornar e amasse com um garfo. Reserve. Numa panela média, coloque 2 colheres de sopa de azeite, o alho e a cebola e doure por 3 minutos ou até a cebola ficar translúcida. Acrescente a berinjela e o tahine e refogue por 1 minuto. Deixe esfriar. Coloque no processador de alimentos e pulse rapidamente para que a berinjela fique parcialmente processada. Numa panela pequena, junte o ágar-ágar e a água e leve ao fogo baixo por 2 minutos até dissolver. Numa tigela, junte o iogurte, 1 colher de chá do zaatar, a pimenta-síria, a salsinha, o açúcar e o sal e misture delicadamente. Acrescente o ágar-ágar e a berinjela processada. Unte a fôrma com azeite, disponha a mistura de berinjela e leve à geladeira por uma noite. Desenforme num prato de servir e polvilhe com o zaatar restante, espalhe a ciboulette e regue com o azeite restante. Sirva gelada com pão sírio torrado.

Torta de berinjela grelhada

rendimento: 10 a 12 fatias
material: 1 fôrma redonda com fundo removível de 28 cm de diâmetro

6 berinjelas grandes em cubos de 2 cm
1/2 xícara de leite
1 colher (sopa) de maisena
2 colheres (sopa) de azeite de oliva extravirgem
2 berinjelas cortadas em lâminas no sentido do comprimento com 0,5 cm de espessura
200 g de ricota passada na peneira
2 colheres (sopa) de azeitona preta sem caroço
2 colheres (chá) de alho picado finamente
1/2 xícara (chá) de farinha de rosca
1 1/2 colher (chá) de sal marinho
1 colher (chá) de pimenta rosa moída
4 tomates, sem pele e sem semente, em cubos de 1 cm
1 colher (sopa) de folhas de salsinha picadas
1 xícara mais 1 colher (sopa) de folhas de manjericão
1 colher (sopa) de queijo parmesão ralado
6 tomates-cerejas cortados ao meio
azeite de oliva extravirgem para untar

🧄 Cubra uma assadeira com papel alumínio, coloque os cubos de berinjela e asse em forno médio (180ºC) preaquecido por 30 minutos. Retire do forno e deixe esfriar. 🧄 Numa panela pequena, coloque o leite e a maisena e cozinhe por 5 minutos sem parar de mexer com um batedor de arame. Reserve. 🧄 Numa frigideira antiaderente, coloque metade do azeite e as fatias de berinjela, uma a uma, e grelhe em fogo alto por 2 minutos de cada lado. 🧄 Unte a fôrma com azeite e forre o fundo e os lados com a berinjela. 🧄 Num processador de alimentos, bata os cubos de berinjela, a ricota, a azeitona, o alho, a farinha de rosca, o sal marinho e a pimenta rosa. Coloque numa tigela e misture o tomate, a salsinha, 1 xícara do manjericão, o azeite restante e o creme de maisena. 🧄 Despeje sobre as lâminas de berinjela, alise a superfície e asse em forno médio (180ºC) preaquecido por 30 minutos. Retire do forno e deixe esfriar. 🧄 Desenforme cuidadosamente sobre um prato de servir. Salpique com queijo parmesão, 1 colher de sopa de manjericão e o tomate-cereja. Se quiser, regue com azeite.

Torta de abobrinha grelhada

rendimento: 10 a 12 fatias
material: 1 fôrma redonda com fundo removível com 28 cm de diâmetro

4 abobrinhas italianas cortadas no sentido do comprimento com 0,5 cm de espessura
3 abobrinhas brasileiras em cubos de 2 cm
1/2 xícara de leite / 1 colher (sopa) de maisena
2 colheres (sopa) de azeite de oliva extravirgem
3 colheres (sopa) de cebola picada finamente
2 colheres (chá) de alho picado
1 tomate, sem sementes, em cubinhos de 0,5 cm
1/4 de colher (chá) de páprica picante
1 colher (chá) de pimenta rosa moída
1 xícara de quinoa em flocos
2 colheres (sopa) de cebolinha picada
2 colheres (sopa) de folhas de salsinha picadas
1 colher (chá) de sal marinho / 2 xícaras de ricota
3/4 de xícara de castanha-do-pará picada finamente
1/2 xícara de farinha de aveia
1 colher (sopa) de queijo parmesão ralado
1 colher (sopa) de ciboullete picada finamente
12 pimentas biquinho em conserva
azeite de oliva extravirgem para untar

🧄 Numa frigideira levemente untada com azeite, coloque as fatias de abobrinha italiana (uma a uma) e grelhe em fogo alto por 2 minutos de cada lado. 🧄 Unte a fôrma com azeite e forre o fundo e os lados com as fatias de abobrinha. 🧄 Numa assadeira, distribua a abobrinha brasileira e asse em forno médio (180ºC) preaquecido por 15 minutos. 🧄 Numa panela pequena, coloque o leite e a maisena e cozinhe por 5 minutos sem parar de mexer com um batedor de arame. Reserve. 🧄 Numa frigideira, coloque o azeite, a cebola, o alho, o tomate, a páprica e a pimenta rosa moída e salteie por 1 minuto. Acrescente a abobrinha assada, a quinoa, a cebolinha, a salsinha e o sal e cozinhe por 5 minutos. Junte a ricota, o creme de maisena, a castanha-do-pará, a farinha de aveia e retire do fogo. 🧄 Despeje sobre as lâminas de abobrinha, alise a superfície e leve ao forno médio (180ºC) preaquecido por 20 minutos. 🧄 Desenforme a torta cuidadosamente sobre um prato de servir. Salpique com queijo parmesão, ciboullete e a pimenta biquinho. Se quiser, regue fartamente com azeite.

Torta de legumes e queijo

rendimento: 10 a 12 fatias
material: 1 fôrma redonda com fundo removível de 28 cm de diâmetro

Massa

1 xícara de farinha de trigo branca
1 xícara de farinha de trigo integral
2 colheres (sopa) de semente de linhaça preta moída
1/2 colher (chá) de sal marinho
1/3 de xícara de manteiga em temperatura ambiente
2/3 de xícara de água

Recheio

2 colheres (chá) de azeite de oliva extravirgem
1 xícara de brócolis em floretes
1 xícara de cenoura em palitos
1 xícara de couve-flor em floretes
1 xícara de alho-poró em rodelas finas
1 xícara de ervilha-torta em pedaços cortados em diagonal
1 xícara de cebolinha picada
4 xícaras de folhas de espinafre picadas finamente
1/2 colher (chá) de sal marinho
1/2 colher (chá) de pimenta rosa moída
2 colheres (sopa) de farinha de trigo branca

1 colher (chá) de ciboulette picada
1 colher (chá) de folhas de manjericão
1 colher (chá) de folhas de salsinha crespa picadas

Cobertura de ricota

1 xícara de ricota comum
1 xícara de ricota da marca Gióia
1 xícara de queijo prato
2 ovos caipiras
1 xícara de creme de leite fresco
1 colher (chá) de sal marinho
1/2 colher (chá) de pimenta rosa moída

Cobertura de tofu

1 colher (chá) mais 2 colheres (sopa) de azeite de oliva extravirgem
1 xícara de cebola picada finamente
2 1/2 xícaras de tofu
1 colher (chá) de mel
1 colher (chá) de sal marinho

Massa Numa tigela, misture a farinha branca, a farinha integral, a linhaça e o sal. Acrescente a manteiga e misture com as pontas dos dedos até formar uma farofa. Coloque sobre uma superfície fria e lisa. Forme uma montanha, faça um buraco no meio e despeje a água. Misture até formar uma massa homogênea. Faça uma bola e abra com o rolo numa superfície enfarinhada. Coloque a massa na fôrma, pressione as laterais e corte a massa excedente. **Recheio** Numa frigideira, coloque o azeite e, em seguida, acrescente os brócolis, a cenoura, a couve-flor, o alho-poró, a ervilha-torta e a cebolinha. Misture e salteie por 2 minutos. Acrescente o espinafre, o sal marinho e a pimenta rosa e misture. Coloque a farinha, misture e cozinhe por mais 1 minuto. Deixe amornar. **Cobertura de ricota** Numa tigela, misture os queijos, os ovos e o creme de leite. Tempere com o sal e pimenta rosa. **Finalização** Coloque os legumes sobre a massa e cubra com o creme de queijos. Asse em forno médio (180°C) preaquecido por cerca de 50 minutos ou até a cobertura ficar dourada. Retire do forno, salpique com as ervas e sirva morno.

Cobertura de tofu Numa frigideira, coloque 1 colher de chá de azeite e salteie a cebola em fogo médio por 1 minuto ou até ficar translúcida. No processador, bata os ingredientes restantes até formar um creme. Numa tigela, junte a cebola e o creme. Cubra a torta e asse em forno médio (180°C) preaquecido por cerca de 50 minutos ou até a cobertura ficar dourada. Salpique com as ervas e sirva morno.

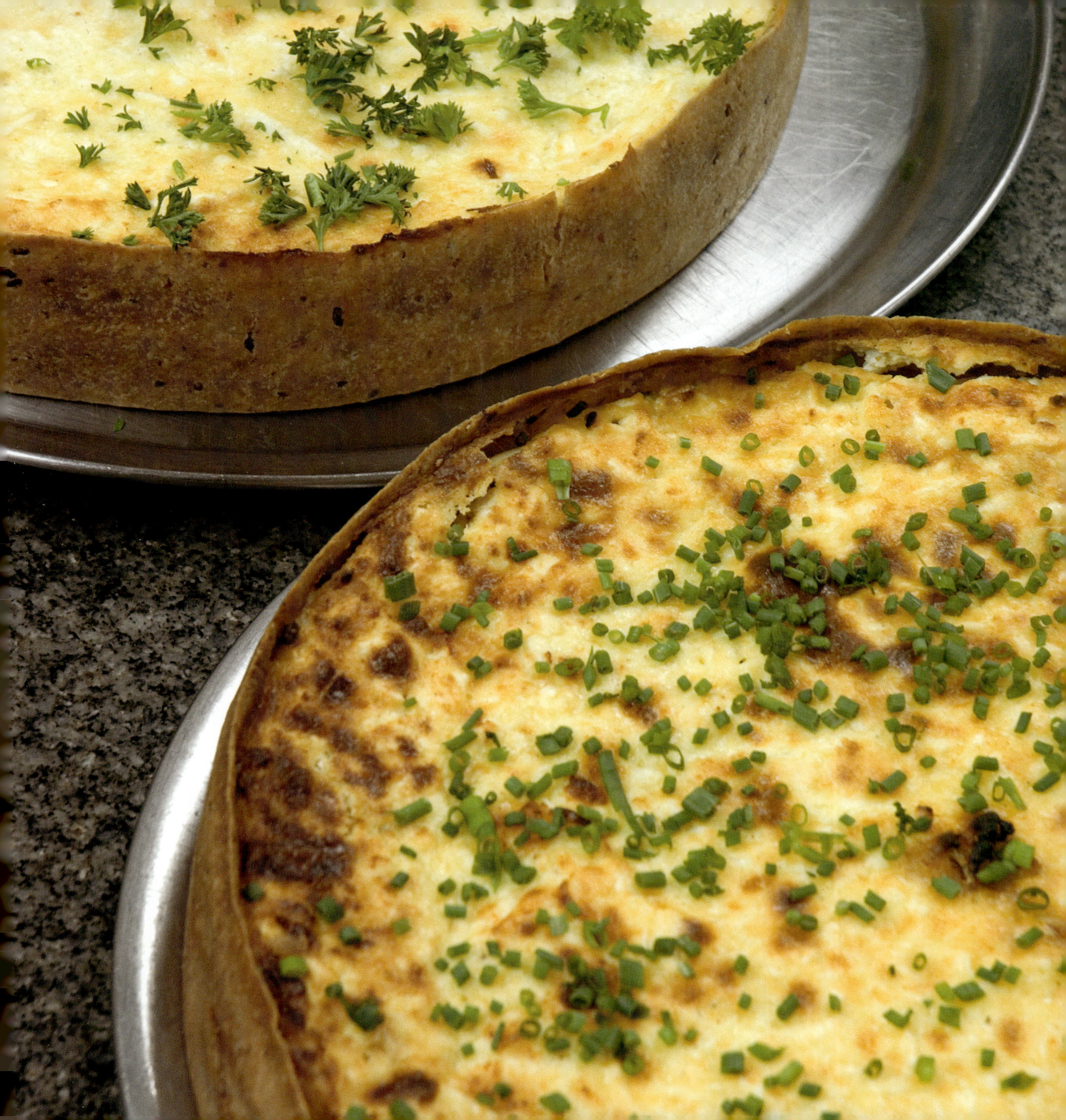

Torta de espinafre, ricota e cebola caramelizada

rendimento: 10 a 12 fatias
material: 1 fôrma redonda com fundo removível de 28 cm de diâmetro

Massa

1 xícara de farinha de trigo integral
1/2 xícara de farinha de trigo branca
1/4 de xícara de semente de linhaça preta moída
1/2 xícara de manteiga em pedaços
1 colher (sopa) de água filtrada

Recheio

3 colheres (sopa) de azeite de oliva extravirgem
1/2 xícara de alho-poró
1/2 xícara de cebolinha picada
folhas de 1 1/2 maço de espinafre picadas (14 xícaras)
1 1/2 colher (chá) de sal marinho
1 colher (chá) de pimenta rosa
1/4 de xícara de farinha de trigo branca
1/2 xícara de tomate maduro mas firme, sem semente, em cubinhos de 1 cm
1 colher (sopa) de ciboulette picada para enfeitar

Cebola caramelizada

2 colheres (sopa) de azeite de oliva extravirgem
3 cebolas grandes em rodelas grossas
2 colheres (sopa) de molho de soja
1 colher (chá) de açúcar mascavo
1/2 colher (chá) de sal marinho

Cobertura

1 xícara cheia de ricota (de preferência da marca Gióia)
1 xícara de creme de leite fresco
2 ovos caipiras
1/4 de colher (chá) de sal marinho
1/4 de colher (chá) de noz-moscada moída
1 colher (sopa) de ciboulette picada para enfeitar

Massa No processador de alimentos, bata as farinhas, a linhaça e a manteiga até formar uma massa homogênea. Retire a massa e, se necessário, adicione a água para dar liga. Forme uma bola, envolva em filme plástico e deixe descansar por 10 minutos. Abra a massa com um rolo numa superfície enfarinhada e forre o fundo e as laterais da fôrma. **Recheio** Numa panela, coloque o azeite e salteie o alho-poró e a cebolinha por 2 minutos. Acrescente o espinafre, o sal marinho e a pimenta rosa e cozinhe até que o espinafre tenha murchado por completo. Deixe esfriar. Escorra bem o espinafre para retirar toda a água. Misture a farinha. **Cebola caramelizada** Numa panela, coloque o azeite e a cebola e cozinhe em fogo médio por 10 minutos, misturando sempre, para que todas as partes cozinhem por igual. Acrescente o molho de soja, o açúcar mascavo e o sal e cozinhe por mais 15 minutos, misturando sempre. Desligue o fogo e verifique se não há água no fundo da panela. Se houver, peneire a cebola. Deixe esfriar. **Cobertura** Numa tigela, misture todos os ingredientes. **Finalização** Distribua a cebola sobre a massa. Coloque o espinafre e por cima os cubos de tomate. Cubra com o creme de queijo. Asse em forno baixo (150ºC) preaquecido por 45 minutos. Sirva a torta morna salpicada com a ciboulette.

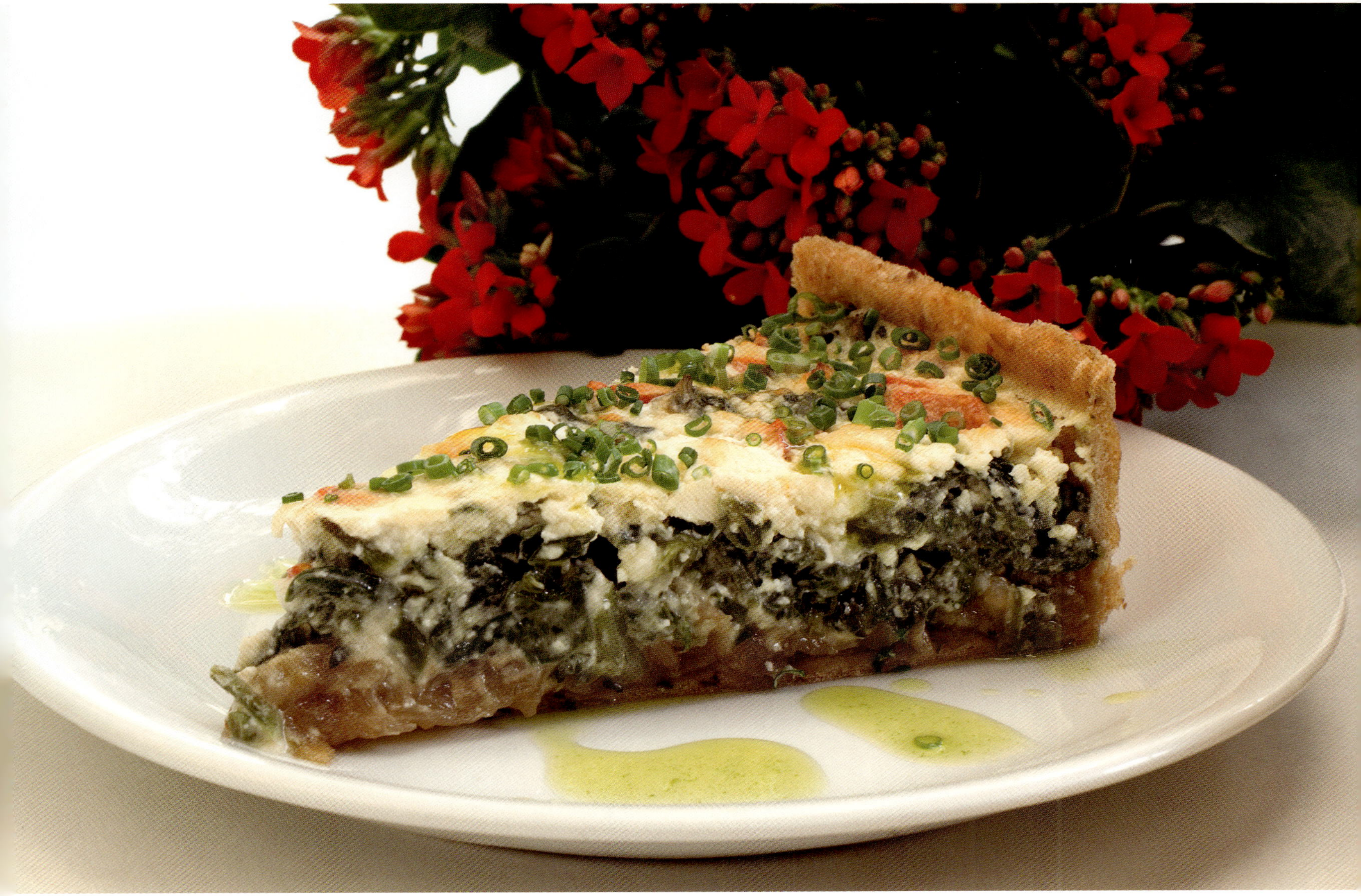

assados

Fundo de alcachofra com recheio de quinoa ao limão

rendimento: 6 unidades

6 alcachofras
1 xícara de quinoa
2 xícaras de caldo de legumes (ver p. 128)
2 colheres (sopa) de azeite de oliva extravirgem
1/2 xícara de cebola em cubinhos
1/2 xícara de pimentão em cubinhos
1/2 xícara de cenoura em cubinhos
1/2 xícara de vinho branco seco
1/4 de xícara mais 2 colheres (sopa) de folhas de salsinha picadas
1/2 colher (chá) de sal marinho
1 colher (chá) de suco de limão
1 colher (sopa) de raspa de limão
2 colheres (sopa) de queijo parmesão ralado grosso

Numa panela, coloque a alcachofra em água abundante. Quando ferver, abaixe o fogo e cozinhe por 20 minutos. Retire a alcachofra da panela e descarte suas folhas. Retire cuidadosamente a parte que cobre o fundo da alcachofra. Reserve. Lave a quinoa em água corrente, revolvendo os grãos para que fiquem limpos por igual. Numa panela, junte a quinoa e o caldo de legumes. Quando ferver, abaixe o fogo e cozinhe com a panela tampada por 20 minutos. Numa frigideira, coloque metade do azeite e deixe esquentar. Junte a cebola, o pimentão e a cenoura e salteie por 2 minutos. Adicione o vinho e cozinhe até que todo o álcool tenha evaporado. Acrescente a quinoa e misture. Desligue a chama e junte 1/4 de xícara de salsinha, o suco de limão, o azeite restante, o sal e a raspa de limão. Coloque sobre os fundos de alcachofra, preenchendo totalmente a superfície e com volume razoável para cima. Leve ao forno médio (180°C) preaquecido por 10 minutos. Retire do forno e salpique parmesão e a salsinha restante. Sirva morno.

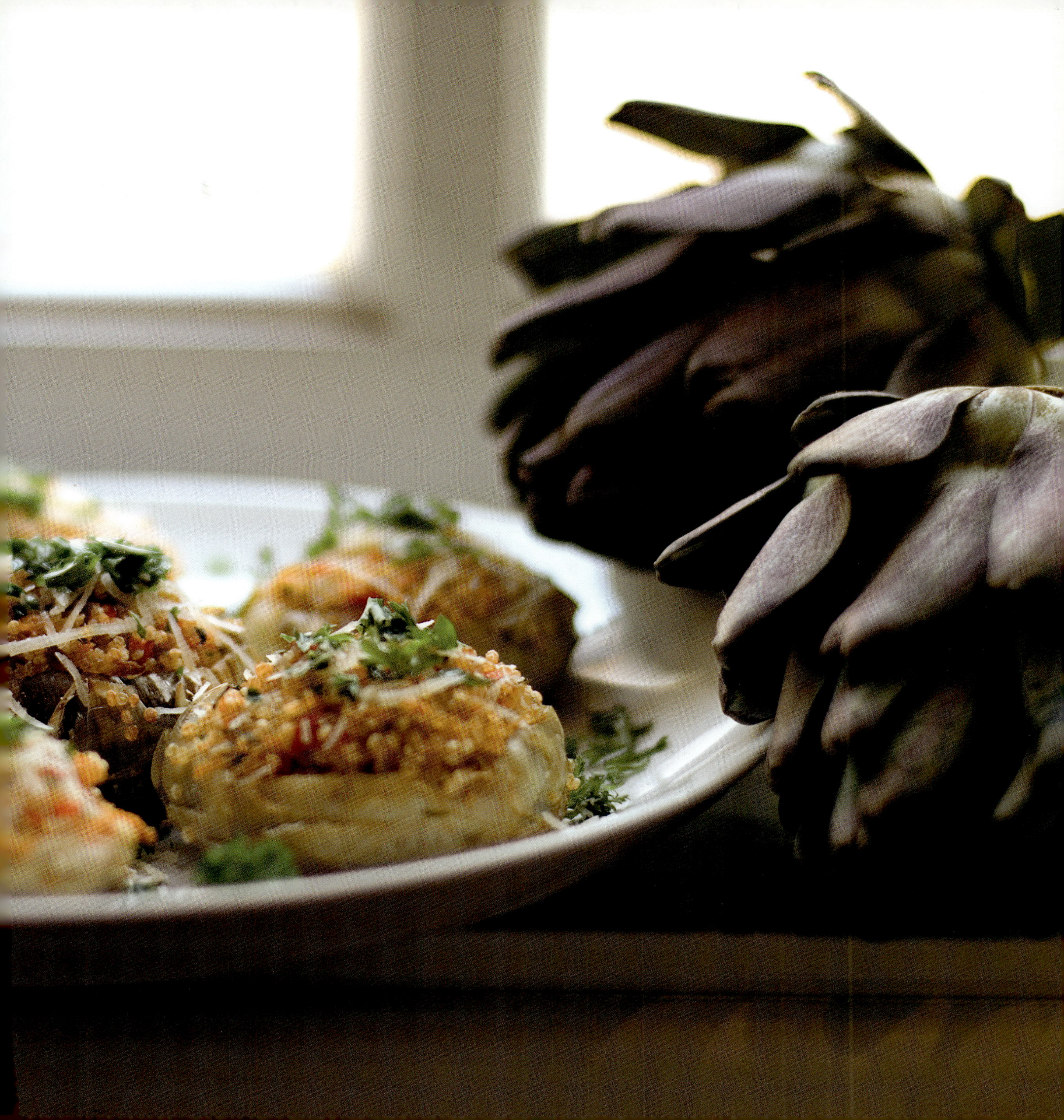

Samosa de berinjela com cenoura e curry

rendimento: 10 unidades
material: cortador de massa com 12 cm de diâmetro

Recheio

4 xícaras de berinjela em cubos de 2 cm
2 colheres (chá) de sal marinho
2 xícaras de cenoura em cubos de 2 cm
1 xícara de pimenta cambuci cortada em 4 pedaços
1 xícara de tomate sem semente em cubos de 1 cm
1/4 de xícara de pimenta biquinho picada
1 colher (sopa) cheia de gengibre picado
2 colheres (chá) de curry
1 xícara de castanha-do-pará moída grosseiramente
1/2 xícara de uva-passa escura
1/2 xícara de cebolinha picada
1/4 de xícara de azeite de oliva extravirgem
1/2 colher (chá) de mel
azeite de oliva extravirgem para untar

Massa

2 xícaras de farinha de trigo integral
1 xícara de farinha de trigo branca
1/2 colher (chá) de curry
1 colher (chá) de sal marinho
1/4 de xícara de semente de linhaça preta moída
1 colher (sopa) de fermento em pó
1/4 de xícara de azeite de oliva extravirgem
1 1/4 de xícara de água filtrada

Recheio Numa tigela, coloque a berinjela e cubra com água. Junte metade do sal e deixe de molho por 30 minutos. Escorra. Distribua a berinjela numa assadeira untada com azeite e asse em forno médio (180ºC) preaquecido por 30 minutos. Em outra assadeira untada, coloque a cenoura e a pimenta cambuci e asse em forno médio (180ºC) preaquecido por 20 minutos. Numa tigela, misture o conteúdo das duas assadeiras e junte os ingredientes restantes. **Massa** Numa tigela, misture os ingredientes secos e coloque numa superfície fria. Numa tigela pequena, misture o azeite e a água. Faça um buraco no meio dos ingredientes secos e adicione aos poucos a mistura de azeite e água. Misture com a ponta dos dedos, fazendo movimentos circulares até que a massa tenha absorvido todo o líquido. Amasse levemente, sem sovar. Forme uma bola, envolva em filme plástico e deixe descansar por 20 minutos. Abra a massa com um rolo numa superfície enfarinhada. Corte a massa com o cortador e coloque 2 colheres de sopa rasas do recheio sobre cada pedaço. Feche a massa e pressione as bordas com um garfo, para que fiquem firmes e fechadas. Distribua as samosas numa assadeira. Asse em forno médio (180ºC) preaquecido por 25 minutos. Sirva imediatamente com uma conserva de pimenta.

Hambúrguer de quinoa com legumes

rendimento: 12 unidades

1 xícara de quinoa em grão
2 xícaras de água filtrada
3 colheres (sopa) de azeite de oliva extravirgem
1 1/2 xícara de cebola-roxa picada
1 xícara de alho-poró picado finamente
1 xícara de cenoura ralada
1 xícara de aspargo em pedaços pequenos
1 xícara de ervilha-torta em pedaços pequenos
1 xícara de vagem picada
1 xícara de couve-flor picada
1/2 xícara de tofu firme
1 xícara de pimenta cambuci picada
1 1/2 colher (chá) de cominho em pó
1 1/2 colher (chá) de coentro em pó
1/2 xícara de folhas de coentro picadas
1/2 xícara de cebolinha (parte verde) picada
1 colher (chá) de sal marinho
1/2 colher (chá) de pimenta rosa moída
1/2 xícara de quinoa em flocos

Numa panela, junte a quinoa em grão e a água. Quando ferver, abaixe o fogo e cozinhe por 20 minutos. Numa frigideira, coloque o azeite e salteie em fogo médio a cebola e o alho-poró por 10 minutos, mexendo constantemente, até a cebola ficar translúcida. Desligue o fogo, junte a quinoa, os legumes, o tofu e a pimenta cambuci e misture. Acrescente o cominho, o coentro em pó, o coentro fresco, a cebolinha, o sal e a pimenta e misture. Forme hambúrgueres com 10 cm de diâmetro e 1,5 cm de altura. Num prato raso, coloque a quinoa em flocos. Passe os dois lados dos hambúrgueres pela quinoa. Distribua os hambúrgueres numa assadeira e asse em forno médio (180ºC) preaquecido por 20 minutos.

Hambúrguer de trigo com berinjela e amêndoa

rendimento: 12 unidades

1 xícara de trigo para quibe
2 1/2 xícaras de água filtrada
1 1/2 xícara de cevadinha em flocos
1 xícara de amêndoa
4 xícaras de berinjela em cubos
2 xícaras de farinha de rosca integral
1 xícara de cebola picada finamente
1/3 de xícara de azeite de oliva extravirgem
1/2 colher (chá) de cominho em pó
1/2 colher (chá) de orégano
1/2 colher (chá) de páprica doce
1 colher (chá) de sal marinho
1/4 de xícara de cebolinha picada
1/4 de xícara de folhas de salsinha picadas

Numa tigela, coloque o trigo e 1 xícara de água e deixe de molho por 20 minutos. Reserve. Em outra tigela, coloque a cevadinha e a água restante e deixe de molho por 10 minutos. Reserve. Bata rapidamente a amêndoa num processador de alimentos para que fique apenas grosseiramente picada. Reserve. Numa assadeira, distribua a berinjela, cubra com papel-alumínio e asse em forno médio (180ºC) preaquecido por 20 minutos. Num processador de alimentos, junte a berinjela, o trigo e a cevadinha e bata até formar uma massa homogênea. Retire do processador e misture os ingredientes restantes (use apenas metade da farinha de rosca). Forme hambúrgueres de 10 cm de diâmetro e 1,5 cm de altura. Num prato raso, coloque a farinha de rosca restante. Passe os dois lados dos hambúrgueres pela farinha. Distribua os hambúrgueres numa assadeira e asse em forno médio (180ºC) preaquecido por 30 minutos.

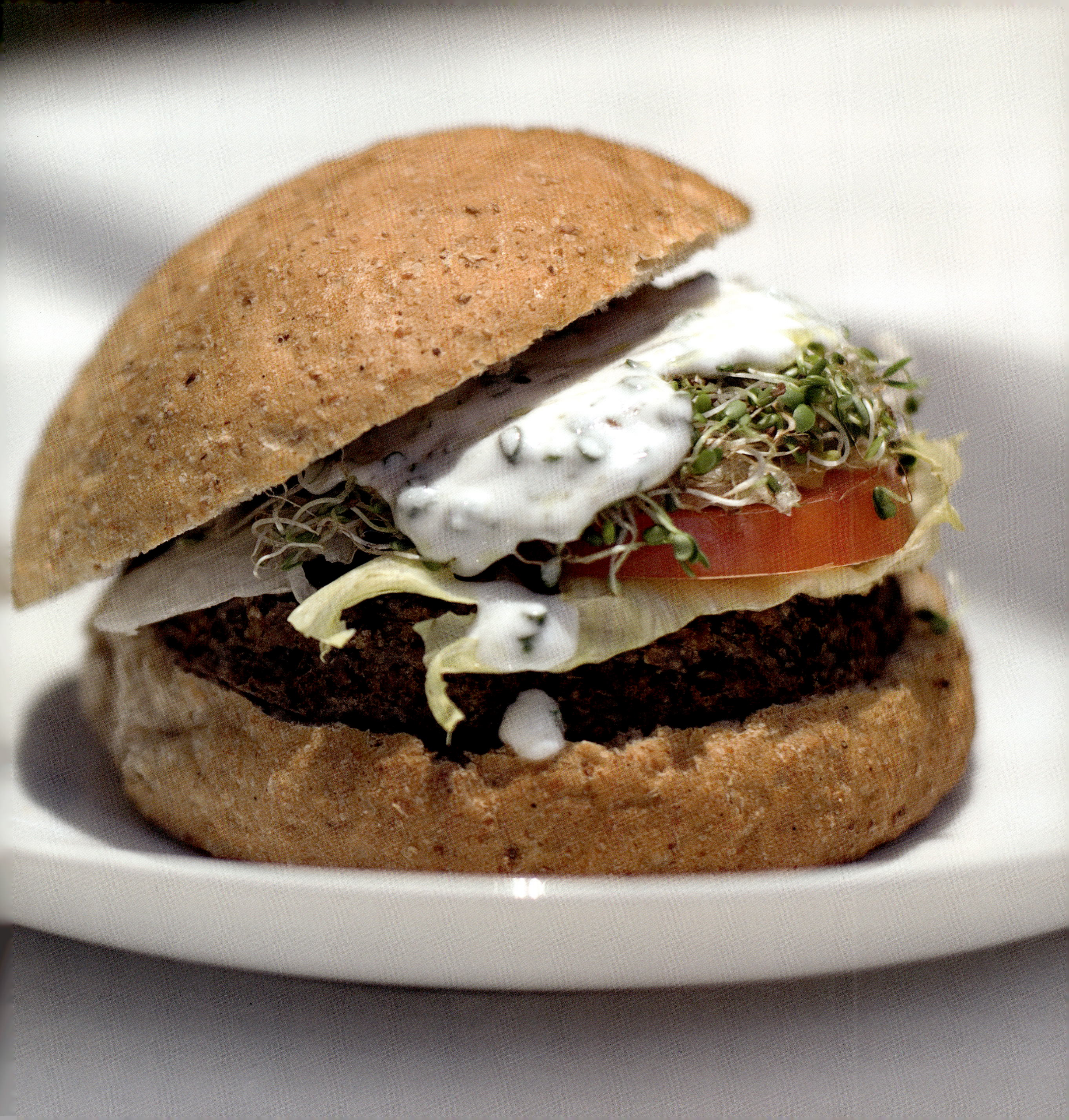

Quibe de trigo com verduras e ricota

rendimento: 12 porções
material: 1 assadeira de 25 x 30 cm

Quibe

2 xícaras de trigo para quibe
2 xícaras de água filtrada
1/2 xícara de nozes moídas finamente
1 colher (chá) de sal marinho
1 colher (chá) de pimenta rosa moída
1 colher (sopa) de cebolinha picada
azeite de oliva extravirgem

Recheio

1 colher (chá) de alga hijiki
1/2 xícara de couve-flor em floretes
2 xícaras de folhas de espinafre picadas
1/2 xícara de alho-poró picado finamente
1/2 xícara de cenoura ralada
200 g de ricota (de preferência da marca Gióia)
1/2 colher (chá) de sal marinho
1/2 colher (chá) de pimenta rosa moída
1 colher (sopa) de cebolinha picada
1 colher (sopa) de folhas de manjericão

Quibe Lave o trigo numa peneira fina em água corrente. Numa tigela, coloque o trigo e a água e deixe descansar por 30 minutos ou até que o trigo tenha absorvido toda a água e esteja fofo ao toque de garfo. Certifique-se que no fundo da tigela não tenha sobrado água (se tiver, deixe descansar mais um pouco até o trigo absorver todo o líquido). Acrescente as nozes, o sal, a pimenta, a cebolinha e um bom fio de azeite. Com uma das mãos, massageie o trigo durante 1 minuto para que libere o glúten e faça a liga necessária. **Recheio** Numa tigela pequena, coloque a alga, cubra com água e deixe de molho por 10 minutos. Escorra. Numa tigela, misture as verduras, a ricota e a alga até formar uma massa grossa e homogênea. Tempere com sal, pimenta e as ervas. **Finalização** Distribua metade do trigo na assadeira, apertando com uma espátula. Coloque o recheio e alise com a espátula. Por último, distribua o trigo restante, apertando para que fique firme. Asse em forno alto (220ºC) preaquecido por 20 minutos. Sirva com coalhada seca e azeite.

Quibe de quinoa com abóbora e shimeji

rendimento: 12 fatias
material: 1 assadeira de 25 x 30 cm

Quibe

2 xícaras de quinoa em grão
4 xícaras de água
3 xícaras de abóbora japonesa cozida e espremida
2 colheres (sopa) de azeite de oliva extravirgem
1 colher (chá) de sal marinho
1/2 colher (chá) de noz-moscada moída

Recheio

1 colher (chá) de alga hijiki
1/2 xícara de brócolis em floretes
1/2 xícara de ervilha-torta em pedaços finos
1/2 xícara de alho-poró em rodelas finas
1/2 xícara de tofu firme
1/2 xícara de shimeji em ramos pequenos
1/2 xícara de cebolinha picada
1/2 colher (chá) de sal marinho
1/2 colher (chá) de pimenta rosa moída
1 colher (sopa) de quinoa em grão pré-cozida

Quibe Lave a quinoa numa peneira fina em água corrente. Numa panela, coloque a quinoa e a água. Quando ferver, abaixe o fogo e cozinhe com a tampa por 20 minutos. Retire do fogo e misture a abóbora, o azeite, o sal e a noz-moscada. Leve de volta ao fogo e cozinhe, mexendo, até desprender do fundo da panela. **Recheio** Numa tigela pequena, coloque a alga, cubra com água e deixe de molho por 10 minutos. Escorra. Numa tigela, misture a alga, os legumes, o tofu e o shimeji. Tempere com a cebolinha, o sal e a pimenta. **Finalização** Coloque a metade da quinoa na assadeira, espalhando e apertando com uma espátula. Distribua o recheio e alise com a espátula. Por último, coloque a quinoa restante, apertando para que fique firme. Salpique com quinoa em grão e asse em forno alto (220ºC) preaquecido por 30 minutos.

pratos feitos

lentilha libanesa com banana e maçã *p. 38*

risoto de couve-flor, brócolis, cogumelo e páprica *p. 33*

samosa de berinjela com cenoura e curry *p. 90*

mix de verduras salteadas *p. 128*

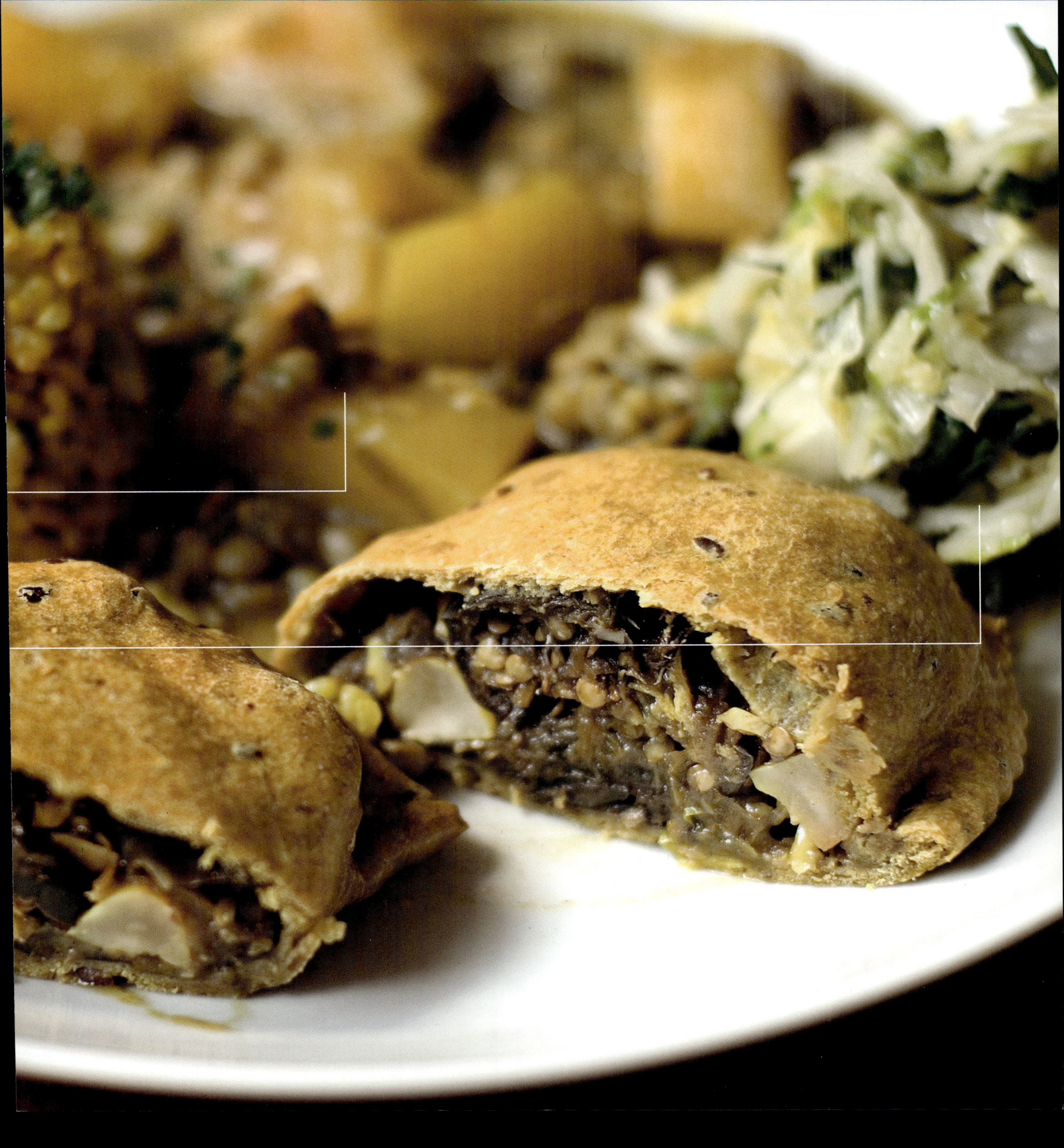

arroz integral com linhaça dourada *p 24*

feijão-branco com tomate e ervas *p 41*

espinafre salteado *p 128*

torta de abobrinha grelhada *p 83*

grão-de-bico com tomate, tahine e hortelã *p. 39*

arroz integral com bardana *p. 24*

torta de legumes e queijo *p. 84*

mostarda salteada com redução de balsâmico *p. 129*

pratos feitos   99   cozinha natural gourmet

arroz integral com bardana, gergelim e castanha-do-pará marinada *p. 29*

acelga chinesa salteada *p. 129*

quibe de trigo com verduras e ricota *p. 94*

cozido de legumes com grão-de-bico e tâmara *p. 46*

hambúrguer de quinoa com legumes *p 91*

brócolis salteados *p 129*

feijão-azuki com abóbora, nirá e gengibre *p 41*

arroz integral com gersal *p 24*

sobremesas

Bolo de cacau com morango e cobertura negra de abacate

rendimento: 12 fatias
material: 1 fôrma redonda de fundo removível de 25 cm de diâmetro e 5 cm de altura

Massa

3/4 de xícara de cacau em pó
3/4 de xícara de farinha de trigo branca
1 xícara de farinha de trigo integral
1/2 colher (sopa) de fermento em pó
1/2 colher (sopa) de bicarbonato de sódio em pó
1/2 colher (chá) de sal marinho
1/2 colher (chá) de canela em pó
3/4 de xícara de melado de cana
1/2 xícara mais 2 colheres (sopa) de óleo de girassol
1/2 xícara de tofu
3/4 de xícara de suco de maçã sem açúcar
1/2 colher (sopa) de essência de baunilha
1/4 de colher (chá) de vinagre de maçã
óleo de girassol para untar
farinha de trigo branca para enfarinhar

Recheio

3 xícaras de morango
3 colheres (sopa) de mel

Cobertura

400 g de abacate maduro
3/4 de xícara de cacau em pó
1/2 xícara de melado de cana
1/2 xícara de mel
cacau em pó para polvilhar
morangos para enfeitar

Massa Numa tigela, peneire e misture todos os ingredientes secos. Bata os ingredientes restantes no liquidificador até obter uma mistura homogênea. Junte aos ingredientes secos e misture. Unte com óleo e enfarinhe a fôrma. Coloque a massa. Asse em forno médio (180ºC) preaquecido por 30 a 40 minutos. **Recheio** Retire os cabinhos dos morangos e corte em fatias. Coloque numa tigela e junte o mel. Leve à geladeira. **Cobertura** Bata todos os ingredientes no processador de alimentos até virar um creme homogêneo. Leve à geladeira por 2 horas. **Finalização** Quando o bolo estiver completamente frio, com uma faca longa e serrilhada, divida em duas metades no sentido horizontal. Coloque uma das metades num prato de servir e distribua sobre ela o morango e a calda de mel. Coloque 6 colheres de sopa do creme de abacate e alise cuidadosamente com uma espátula. Coloque a outra metade do bolo e cubra com o creme de abacate restante, alisando com uma espátula. Polvilhe com cacau e enfeite com morangos.

Torta de banana

rendimento: 10 a 12 fatias
material: 1 fôrma redonda de borda rendada e fundo removível com 30 cm de diâmetro e 3 cm de altura

Massa
2 xícaras de biscoito de aveia e mel
1 xícara de castanha de caju
1/2 xícara de farinha de trigo integral
2 colheres (sopa) de manteiga em temperatura ambiente
3 colheres (sopa) de açúcar demerara
manteiga para untar

Recheio
1 copo de requeijão
250 g de ricota passada na peneira
1 xícara de açúcar demerara
2 ovos caipiras
4 gemas
1/4 de colher (chá) de sal
2 colheres (sopa) de farinha de trigo branca
2 colheres (sopa) de maisena
2 1/2 xícaras de leite
1 1/2 colher (chá) de essência de baunilha
2 colheres (sopa) de rum
12 bananas-nanicas maduras em rodelas
1/2 colher (chá) de canela em pó

Massa Bata o biscoito com a castanha no processador de alimentos. Junte a farinha, a manteiga e o açúcar e processe. Unte a fôrma e coloque a massa no fundo e nos lados, pressionando com as costas de uma colher para que fique bem lisa. **Recheio** Bata o requeijão, a ricota, 1/2 xícara do açúcar e os ovos no liquidificador até formar um creme homogêneo e espesso. Coloque sobre a massa da torta e asse em forno médio (180ºC) preaquecido por 45 minutos. Reserve. Numa batedeira, bata as gemas com o açúcar restante e o sal por 1 minuto ou até formar um creme esbranquiçado. Junte a farinha e a maisena e continue batendo até incorporá-los completamente ao creme. Junte 1/2 xícara de leite e bata por mais 1 minuto. Retire da batedeira e cozinhe em fogo baixo com o leite restante, misturando constantemente com um batedor de arame durante 10 minutos ou até formar um creme homogêneo e espesso. Coloque o creme numa tigela, acrescente a baunilha e o rum e bata vigorosamente com um batedor de arame até incorporar totalmente. Deixe esfriar. **Finalização** Desenforme a torta com cuidado usando uma faca fina para retirar o fundo e coloque num prato de servir. Misture a banana ao creme de rum e coloque sobre a torta. Polvilhe com canela. Leve à geladeira e sirva fria.

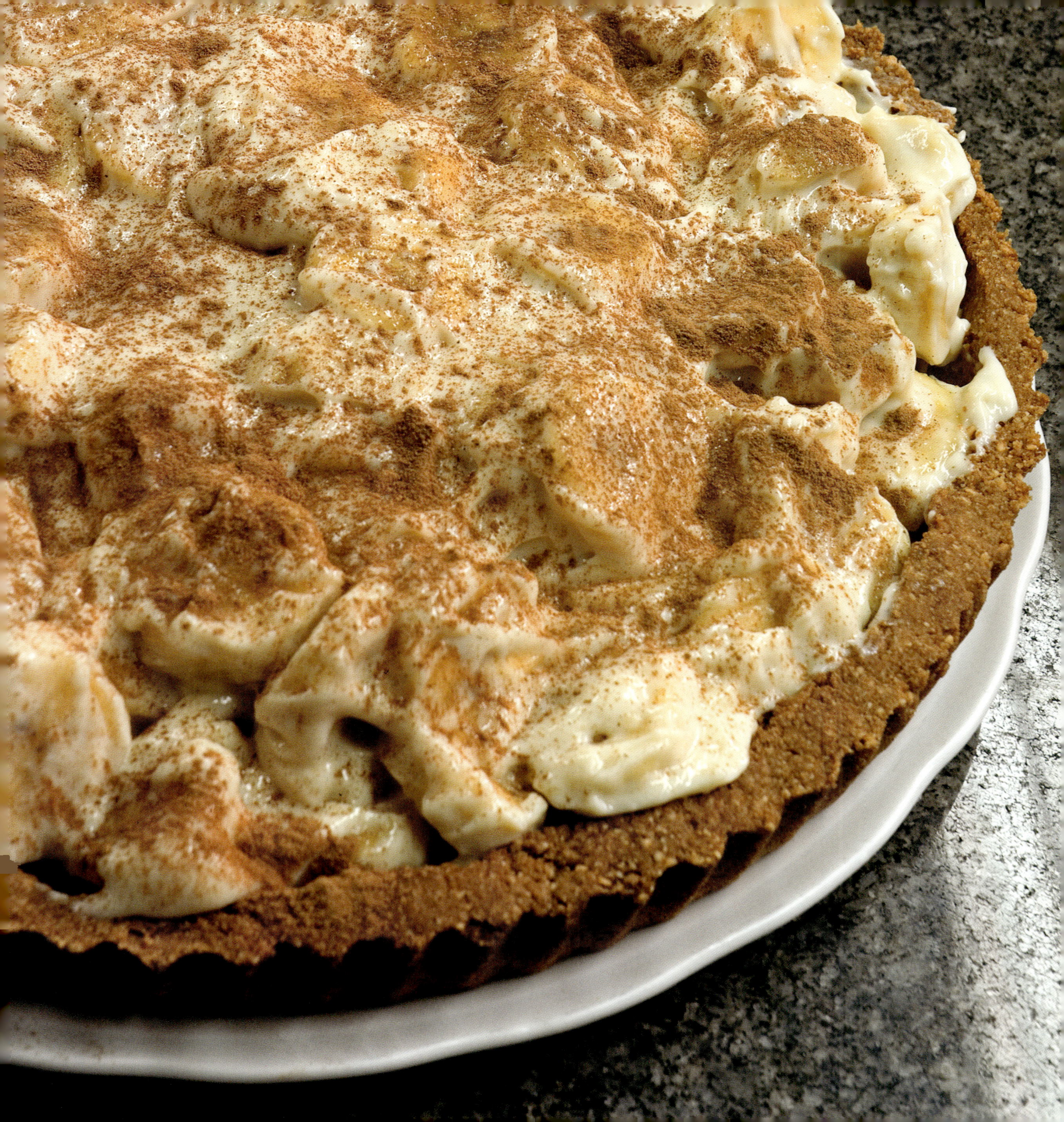

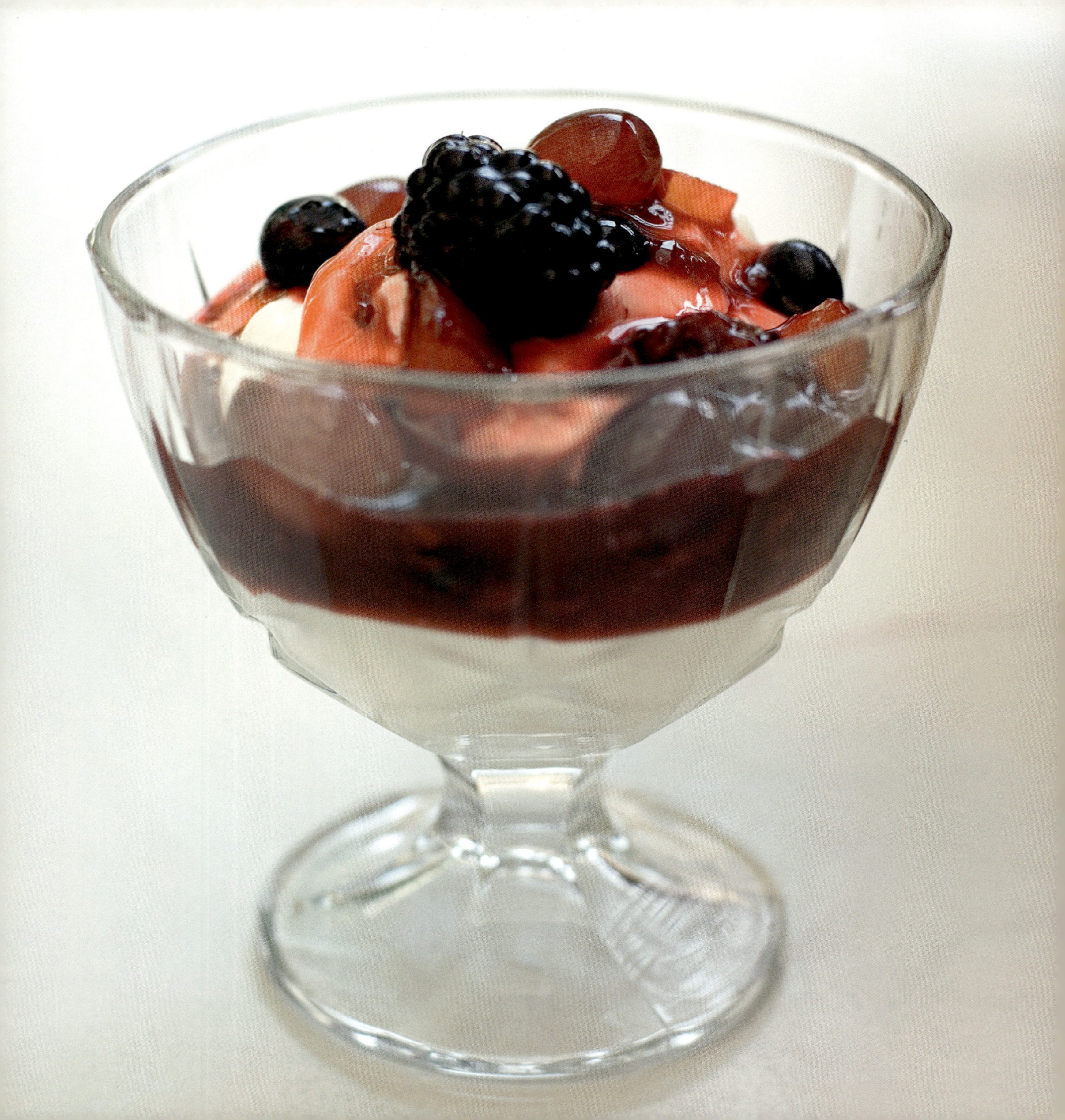

Iogurte com mel e calda de frutas vermelhas

rendimento: 1 litro de iogurte fresco ou 500 ml de iogurte escorrido
material: 1 chinois (peneira fina de inox) de 23 cm de diâmetro e 23 cm de altura;
1 fralda de tecido; 1 balde de plástico com 16 cm de diâmetro e 16 cm de altura

Iogurte natural
1 litro de leite tipo A
2 colheres (sopa) cheia de iogurte natural

Iogurte escorrido
4 xícaras de iogurte gelado
1/3 de xícara de mel

Calda de frutas vermelhas
500 g de framboesa congelada
1 1/2 xícara de água
1/2 xícara de açúcar demerara
1 colher (sopa) de maisena
1/2 xícara de morango em pedaços
1/2 xícara de ameixa vermelha ou pêssego em pedaços
1/2 xícara de cereja ou uva vermelha sem caroço

Iogurte natural Numa panela, ferva o leite. Deixe esfriar até atingir 40ºC. Enquanto isso, aqueça o forno a 200ºC por 10 minutos. Misture o iogurte com 1/2 xícara de leite até dissolver completamente. Junte ao leite da panela e misture. Distribua em tigelinhas individuais ou num pirex fundo. Desligue o forno e coloque o pirex no forno com a luz acesa. Deixe a noite toda ou por pelo menos 8 horas. Leve à geladeira e consuma depois de 24 horas. **Iogurte escorrido** Forre um chinois com uma fralda de algodão. Apoie o chinois sobre o balde, no qual deverá caber todo o soro escorrido. Despeje o iogurte sobre a fralda, junte as pontas da fralda das laterais e torça, deixando o iorgurte no centro. Leve à geladeira e mantenha escorrendo por no mínimo 12 horas. Após esse tempo, verifique o ponto: o iogurte deve estar bem espesso. **Calda de frutas vermelhas** Numa panela, coloque a framboesa e a água. Quando ferver, acrescente o açúcar e cozinhe por 10 minutos. Dissolva a maisena num pouco de água fria e adicione à panela. Ferva por mais 5 minutos, mexendo. Deixe esfriar. Junte as frutas restantes e leve à geladeira. **Finalização** Junte o mel ao iogurte e bata vigorosamente com um batedor de arame até que fique cremoso e emulsionado. Sirva o iogurte em taças individuais com a calda de frutas vermelhas.

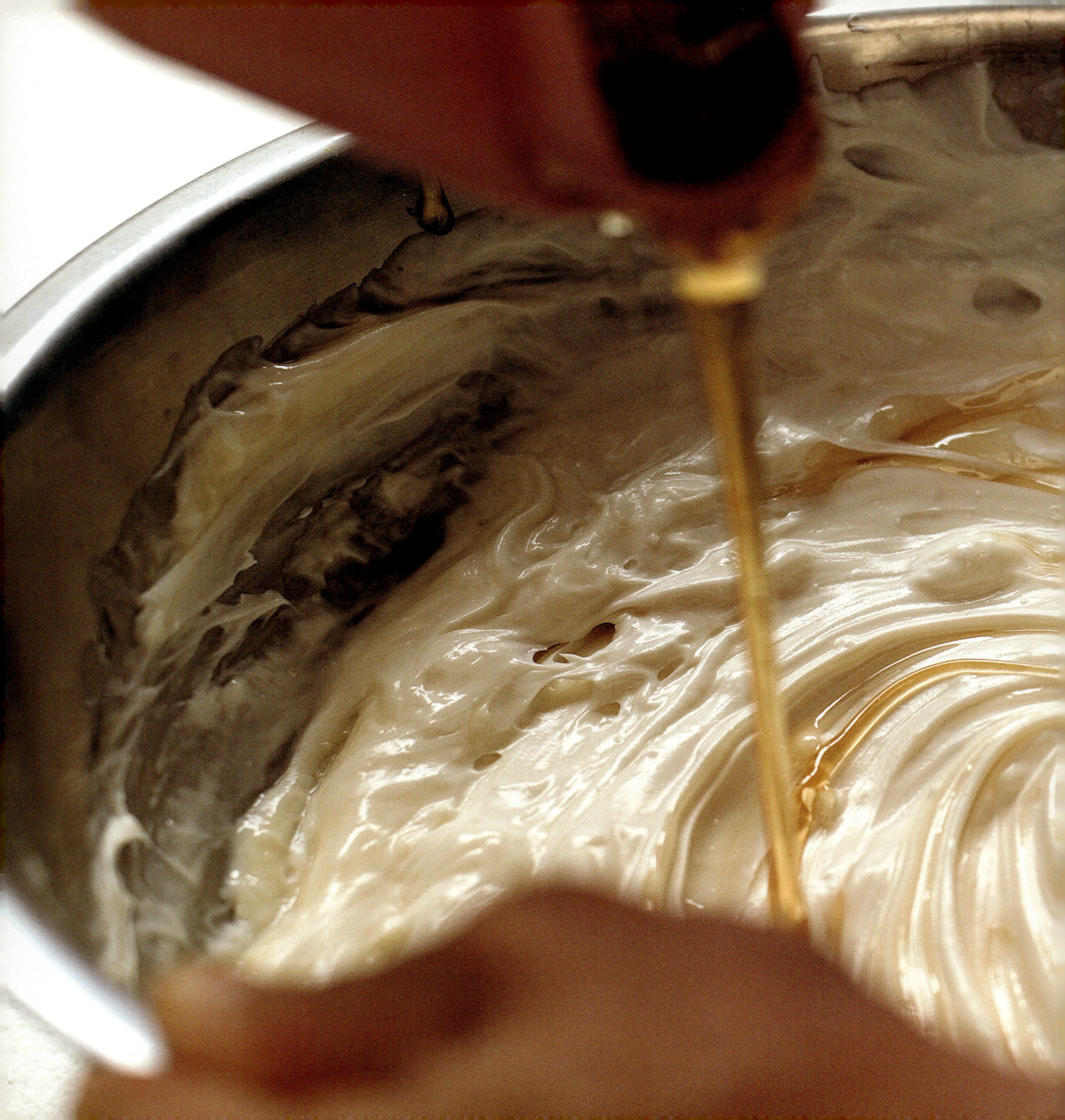

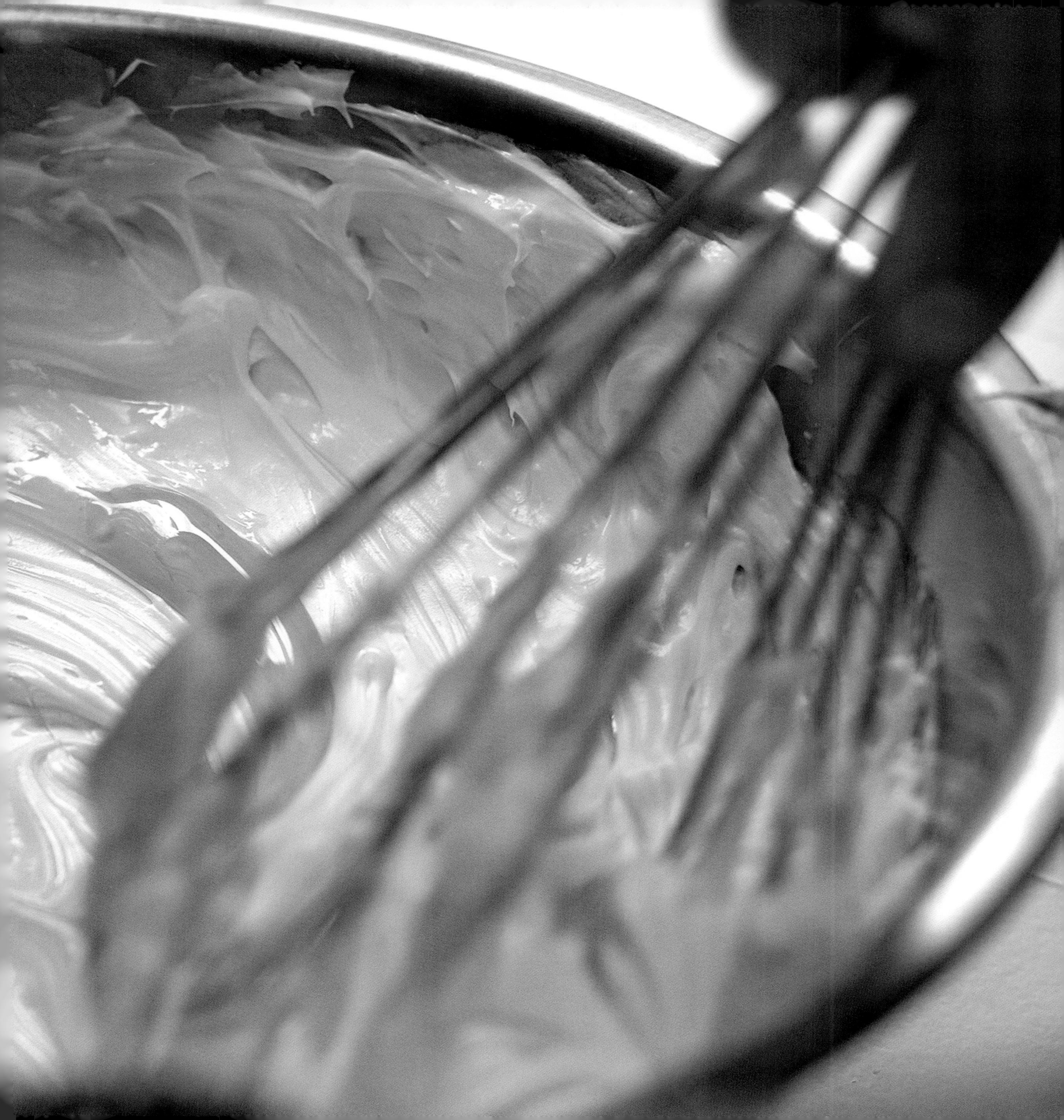

Cheesecake de tangerina com calda de anis-estrelado

rendimento: 10 a 12 fatias
material: 1 fôrma redonda de fundo removível de 25 cm de diâmetro e 5 cm de altura

Massa

3 xícaras de biscoito de aveia e mel
1/3 de xícara de manteiga
1/3 de xícara de castanha-do-pará

Recheio

suco de 15 tangerinas morgote
1 1/2 xícara de açúcar demerara
2 xícaras de requeijão
2 xícaras de iogurte natural escorrido (ver p. 107)
1 colher (sopa) de farinha de trigo
2 ovos caipiras
1 gema

Calda

3 xícaras de framboesa congelada
2 xícaras mais 2 colheres (sopa) de água
1 1/2 xícara de açúcar demerara
1 pedaço de canela em pau
1 anis-estrelado
1 colher (sopa) de gengibre picado finamente
1 colher (sopa) de maisena
2 xícaras de ameixa vermelha em rodelas cortadas em meias-luas
anis-estrelado, gomos de tangerina e
fatias de ameixa vermelha para enfeitar

Massa Bata todos os ingredientes num processador de alimentos até formar uma farofa. Forre o fundo da fôrma, pressionando a massa com as costas de uma colher para que a superfície fique bem lisa. **Recheio** Numa panela, ferva o suco de tangerina com 1/2 xícara de açúcar em fogo baixo por 45 minutos. Ao final do cozimento, o rendimento deverá ser de 1 xícara de suco. Deixe esfriar. Bata o requeijão, o iogurte e o açúcar restante na batedeira até obter um creme bastante sedoso. Acrescente a farinha, os ovos (um a um) e a gema e bata mais um pouco. Adicione o suco e bata por mais 5 minutos. Coloque o recheio sobre a base da torta e asse em forno médio (180°C) preaquecido por 30 minutos. Retire do forno, deixe a torta esfriar e leve à geladeira por 6 horas. **Calda** Numa panela, coloque a framboesa e 2 xícaras de água e ferva em fogo médio por 15 minutos. Passe por uma peneira, descarte a polpa e devolva a calda para a panela. Acrescente o açúcar, a canela, o anis e o gengibre e ferva por mais 15 minutos. Numa tigela, misture a maisena com 2 colheres de sopa de água. Adicione à panela, mexendo vigorosamente. Cozinhe por mais 5 minutos. Retire do fogo e acrescente a ameixa. Deixe a calda esfriar e leve à geladeira. **Finalização** Desenforme a torta com cuidado usando uma faca fina para retirar o fundo e coloque num prato de servir. Enfeite com anis-estrelado, gomos de tangerina e fatias de ameixa. Sirva com a calda.

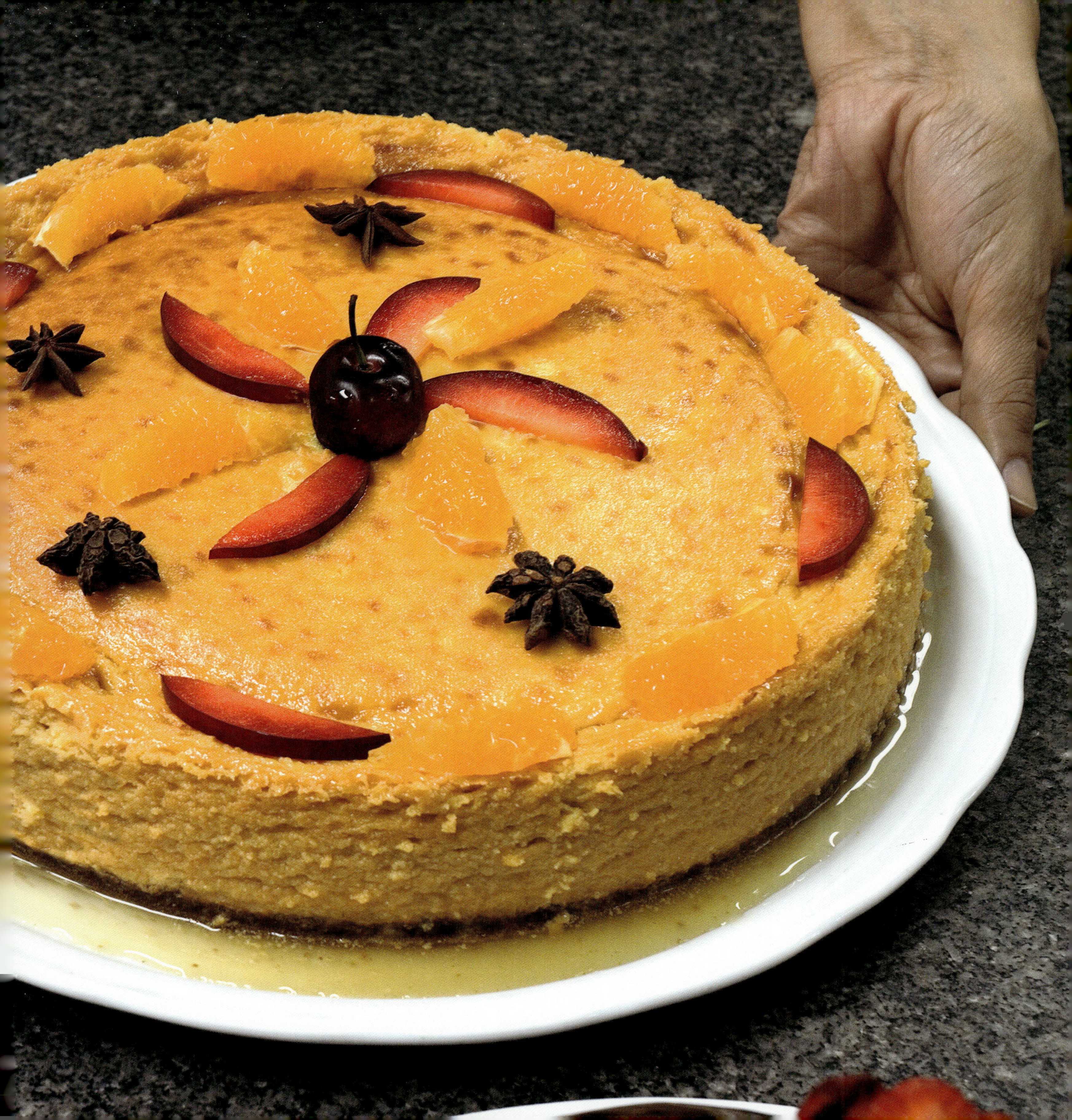

Torta de frutas tropicais secas com amêndoa

rendimento: 10 a 12 fatias
material: 1 fôrma redonda de borda rendada e fundo removível de 30 cm de diâmetro e 3 cm de altura

Massa

(ver p. 113)

Recheio

5 colheres (sopa) de maisena
2 xícaras de leite
1 xícara de creme de leite fresco
3 colheres (sopa) de leite de soja em pó sabor baunilha
raspa de 1 fava de baunilha
1/4 de xícara de mamão seco em pedaços de 0,5 cm
1/4 de xícara de caqui seco em pedaços de 0,5 cm
1/4 de xícara de manga seca em pedaços de 0,5 cm
1/4 de xícara de pera seca em pedaços de 0,5 cm
1/2 xícara de uva-passa preta
2 colheres (sopa) de amêndoa em lâminas tostadas
mel para regar

Recheio Numa tigela, dissolva a maisena em 1/2 xícara de leite. Numa panela, misture o leite restante, o creme de leite, o leite de soja em pó e a baunilha e cozinhe em fogo médio. Quando ferver, abaixe o fogo, adicione a maisena e bata com um batedor de arame por 2 minutos. Retire do fogo e bata na batedeira em velocidade mínima por 10 minutos. Reserve. Numa panela, junte as frutas secas e água suficiente para cobri-las. Cozinhe até ferver. Escorra. Passe por água fria, escorra bem e deixe esfriar completamente. **Finalização** Asse a massa da torta em forno médio (180ºC) preaquecido por 20 minutos. Retire do forno e deixe esfriar. Misture as frutas ao creme e disponha uniformemente sobre a massa. Regue com fios de mel. Leve à geladeira por 1 hora e salpique com a amêndoa na hora de servir.

Torta de laranja, cacau e gengibre

rendimento: 10 fatias

material: 1 fôrma redonda com borda rendada e fundo removível de 30 cm de diâmetro e 3 cm de altura

Massa

1 xícara de castanha de caju

2 xícaras de biscoito de aveia e mel

1/2 xícara de farinha de trigo integral

1 colher (sopa) de açúcar mascavo

2 colheres (sopa) de manteiga

Recheio

1/4 de xícara de açúcar demerara

2 ovos batidos

1 colher (sopa) de maisena

1 xícara de creme de leite fresco

raspa e suco de 1 laranja

Cobertura

6 colheres (sopa) de maisena

1/4 de xícara de leite

1/4 de xícara mais 1 colher (sopa) de cacau em pó

1/4 de xícara mais 1 colher (sopa) de melado de cana

1 xícara de creme de leite fresco

1 1/2 colher (sopa) de gengibre picado finamente

Laranja caramelizada

2 laranjas

1/2 xícara de açúcar demerara

Massa Bata no processador de alimentos a castanha de caju e o biscoito até formar uma farinha. Acrescente o restante dos ingredientes e processe rapidamente. Coloque na fôrma, pressionando firmemente o fundo e os lados com as costas de uma colher. **Recheio** Numa tigela, bata com batedor de arame o açúcar com os ovos. Acrescente a maisena, o creme de leite e a raspa e o suco de laranja e misture. Coloque sobre a massa da torta e asse em forno médio (180ºC) preaquecido por 20 minutos. Retire do forno e deixe esfriar. **Cobertura** Numa xícara, dissolva a maisena no leite e reserve. Numa panela, coloque o cacau, o melado, o creme de leite e o gengibre e cozinhe em fogo médio. Quando ferver, abaixe o fogo, acrescente a mistura de maisena e, com batedor de arame, misture sem parar por 3 minutos. Reserve. **Laranja caramelizada** Com uma faca afiada, corte a laranja em rodelas de 7 milímetros. As 2 laranjas darão um total de 10 a 12 fatias. Das bordas que sobrarem de cada laranja, esprema o suco e reserve. Numa frigideira pequena, coloque a laranja, o suco obtido das bordas e o açúcar e cozinhe em fogo médio por 5 minutos ou até o suco secar e a laranja estar caramelizada. **Finalização** Desenforme com cuidado a massa da torta usando uma faca fina para retirar o fundo e coloque num prato de servir. Coloque por cima a cobertura de cacau. Faça um corte na metade de cada fatia de laranja e torça no sentido vertical e disponha as fatias sobre a torta.

Torta de pêssego e linhaça dourada

rendimento: 10 a 12 fatias

material: 1 fôrma redonda com borda rendada e fundo removível de 30 cm de diâmetro e 3 cm de altura

Massa

1/2 xícara de farinha de trigo integral

3/4 de xícara de farinha de trigo branca

1/4 de xícara de semente de linhaça dourada moída

1 colher (sopa) de açúcar mascavo

2 colheres (sopa) de manteiga em temperatura ambiente

3 colheres (sopa) de água

farinha de trigo branca para enfarinhar

Recheio

2 ovos caipiras

3/4 de xícara de açúcar demerara

1 xícara de creme de leite fresco

1/2 colher (chá) de essência de baunilha

1/2 xícara de castanha de caju sem sal em pedaços de 0,5 cm

13 pêssegos grandes, sem casca e sem caroço, cortados ao meio

1 colher (sopa) de semente de linhaça dourada

Massa Numa tigela, misture as farinhas, a linhaça e o açúcar. Acrescente a manteiga e misture com a ponta dos dedos até formar uma farofa. Adicione a água aos poucos e forme uma bola de massa. ⚙ Abra a massa com um rolo numa superfície enfarinhada e coloque na fôrma. **Recheio** Numa tigela, bata os ovos rapidamente com batedor de arame. Junte o açúcar e continue batendo. Adicione o creme de leite e a baunilha e misture. Reserve. ⚙ Distribua a castanha de caju uniformemente sobre a massa, coloque o pêssego com a parte côncava virada para cima e, por último, disponha o creme. ⚙ Asse em forno alto (220°C) preaquecido por 20 minutos. ⚙ Retire do forno e salpique com a linhaça dourada.

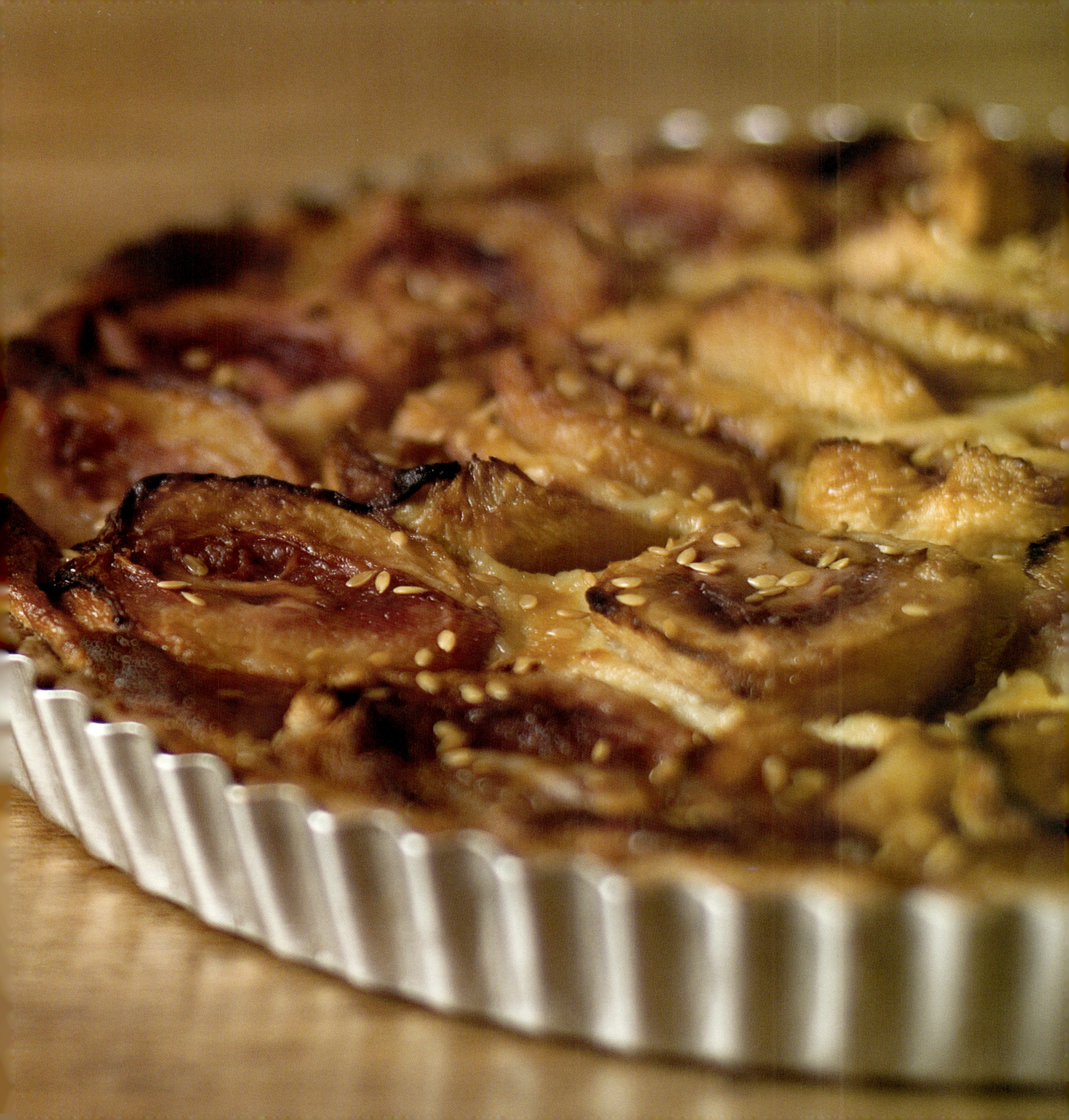

Pavê de abacaxi com coco

rendimento: 9 fatias
material: 1 assadeira de 29,5 x 20 cm; papel-manteiga;
1 pirex de 20,5 x 20,5 cm

Bolo
2 xícaras de farinha de trigo branca
1/2 xícara de farinha de trigo integral
1 colher (sopa) de fermento em pó
1/4 de colher (chá) de sal
3/4 de xícara de leite
2 ovos
1 xícara de açúcar demerara
1 colher (chá) de essência de baunilha
manteiga para untar

Creme de coco
3 colheres (sopa) de maisena
1 xícara de leite
1 xícara de creme de leite fresco
1 xícara de leite de coco
1 colher (sopa) de açúcar demerara

Recheio
1 colher (chá) de maisena
1 colher (sopa) de água
5 xícaras de abacaxi em pedaços de 1 cm
1/4 de xícara de açúcar demerara

Cobertura
1 xícara de creme de leite fresco
1/4 de xícara de açúcar
1/4 de xícara de coco fresco ralado
1 xícara de leite

Bolo Numa tigela, misture as farinhas peneiradas, o fermento e o sal. Ferva o leite. Enquanto isso, bata as gemas com metade do açúcar e a baunilha até ficar bem cremoso. Acrescente o leite aos poucos sem parar de bater. Em outra tigela, bata as claras em neve. Junte o açúcar restante e bata até formar picos firmes. Misture o leite e as claras. Acrescente os ingredientes secos. Distribua a massa na assadeira untada e forrada com papel-manteiga untado e asse em forno médio (180ºC) preaquecido por 35 minutos. Retire do forno e da assadeira cuidadosamente. Deixe esfriar. Depois de frio, corte ao meio no sentido do comprimento e separe a metade, pois o rendimento do pão de ló é para 2 receitas de pavê. Corte o bolo ao meio outra vez e depois em fatias de 1 cm de largura, 12 cm de comprimento e 2 cm de altura. Reserve. **Creme de coco** Dissolva a maisena em 1/4 de xícara de leite e reserve. Numa panela, coloque os ingredientes restantes e cozinhe até ferver. Abaixe o fogo, acrescente a maisena dissolvida e misture sem parar com um batedor de arame por 5 minutos até engrossar. Despeje esse creme num pirex. **Recheio** Dissolva a maisena na água e reserve. Numa panela, coloque o abacaxi e o açúcar e cozinhe em fogo médio. Quando o açúcar começar a caramelizar, abaixe o fogo e junte a maisena. Cozinhe por 3 minutos, misturando delicadamente. Retire do fogo e deixe esfriar. Reserve 9 pedaços para a finalização. **Cobertura** Numa tigela, bata o creme de leite até começar a engrossar. Junte o açúcar e bata até formar picos firmes. Reserve. Coloque o coco numa assadeira e asse em forno médio (180ºC) por 5 minutos ou até que fique dourado. **Finalização** Numa tigela, coloque 1 xícara de leite e mergulhe cada fatia do bolo para umedecer. As fatias deverão estar bem úmidas antes de serem colocadas no pirex. Disponha fatias sobre todo o creme. Distribua o abacaxi cozido por cima e cubra com o chantilly. Com uma faca, desenhe um jogo da velha no chantilly e sobre cada quadrado coloque um pedaço de abacaxi. Espalhe o coco ralado e leve à geladeira por no mínimo 2 horas. Sirva bem gelado.

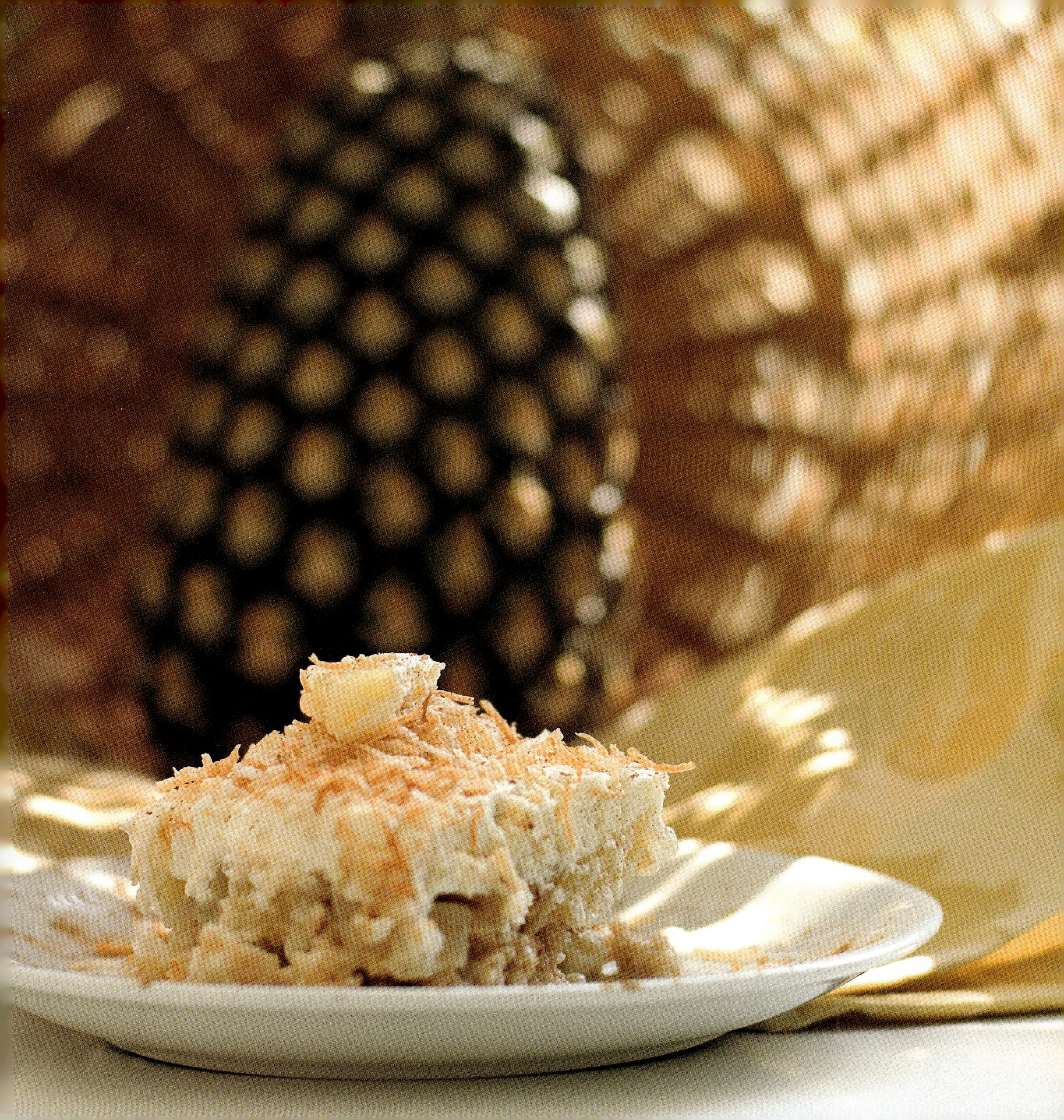

Torta de amêndoa com geléia de framboesa e frutas da estação

rendimento: 10 a 12 fatias
material: 1 fôrma redonda de borda rendada e fundo removível de 30 cm de diâmetro e 3 cm de altura

Massa
2 1/4 xícaras de amêndoa
1/4 de xícara de aveia em flocos
1/4 de xícara de mel
1/3 de xícara de ghee (manteiga clarificada)
1/2 colher (chá) de sal marinho

Recheio
2 xícaras de framboesa congelada
3/4 de xícara de açúcar mascavo
2 1/2 xícaras de morango sem o cabinho
1 1/2 xícara de caqui firme laminado
1/4 de xícara de uva vermelha sem caroço
1 xícara de carambola em fatias
1/2 xícara de ameixa vermelha em fatias
1/3 de xícara de cereja
mel para regar

Massa Bata a amêndoa e a aveia no liquidificador ou no processador de alimentos até virar uma farinha. Numa tigela, misture o mel, a manteiga e o sal. Junte a farinha de aveia e a amêndoa e misture bem. Coloque a massa no fundo e nos lados da fôrma e pressione com as costas de uma colher para que fique bem lisa. Asse em forno médio (180ºC) preaquecido por 10 minutos. Retire do forno e alise toda a superfície com as costas de uma colher de sopa, pressionando firmemente.
Recheio Numa panela, coloque a framboesa e leve ao fogo. Quando ferver, abaixe o fogo e cozinhe por 20 minutos. Junte o açúcar e cozinhe por mais 20 minutos. Reserve. Guarde em pote de vidro na geladeira por até 2 meses. Desenforme com cuidado a massa da torta e com uma faca fina, retire cuidadosamente do fundo e coloque num prato de servir. Cubra com 3 colheres de sopa da geléia de framboesa. Distribua as frutas começando pela borda, faça um círculo com o morango, outro com o caqui, outro com a uva, outro com a carambola, e outro com a ameixa no centro. Coloque a cereja com seus cabinhos informalmente por cima. Regue com fios de mel.

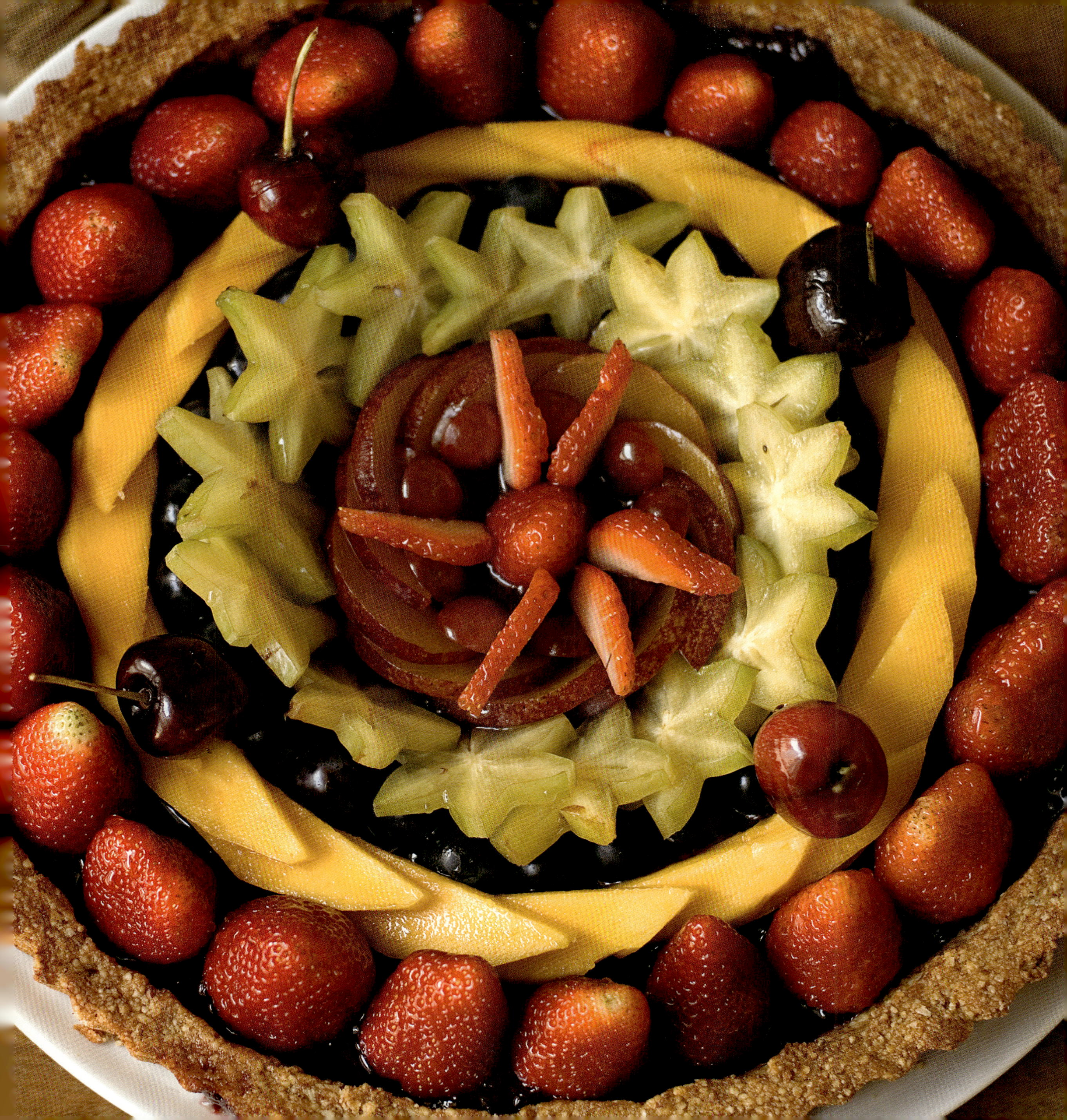

sobremesas sem açúcar

Pera cozida com melado orgânico, baunilha e mascarpone de queijo de cabra

rendimento: 6 porções

6 peras portuguesas maduras mas firmes,
sem casca mas com os cabinhos
1 xícara de vinho branco seco
1/2 xícara de melado de cana
6 cravos-da-índia
2 xícaras de suco de maçã
raspa de 1 fava de baunilha
6 colheres (sopa) de fromage blanc (queijo branco) de cabra
(de preferência da marca Paulicapri)

⚬ Numa panela, coloque todos os ingredientes, menos o queijo. Cozinhe em fogo médio durante 35 minutos. ⚬ Retire as peras e coloque-as numa tigela de servir. ⚬ Reduza a calda por 10 minutos em fogo alto. Despeje a calda sobre as peras e deixe esfriar. ⚬ Sirva as peras em pratos individuais acompanhada da calda e do queijo de cabra.

Espetinhos de frutas com calda quente de cacau e mel

rendimento: 2 porções de 2 espetos cada
material: 4 espetinhos de madeira descartáveis

2 kiwis
1 pêssego
1 ameixa
1 manga em cubos de 2 cm
2 morangos
1 banana-nanica em 4 pedaços cortados em diagonal
1/2 xícara de cacau em pó
1/2 xícara de mel
1 colher (sopa) de essência de baunilha

⚬ Com uma faca, corte o kiwi ao meio na vertical, depois corte novamente na horizontal. ⚬ Repita o mesmo procedimento com o pêssego e a ameixa e retire seus caroços. ⚬ Coloque um pedaço de cada fruta em cada um dos espetinhos, tomando cuidado para não machucá-las nem quebrá-las. Cubra e leve à geladeira enquanto prepara a calda. ⚬ Numa panela, misture o cacau, o mel e a baunilha. Leve ao fogo até atingir a temperatura de 40ºC. ⚬ Coloque 2 espetos em cada prato e, com uma colher, despeje a calda por cima das frutas.

Cheesecake de maçã

rendimento: 10 a 12 fatias
material: 1 fôrma redonda de aro removível de 26 cm de diâmetro

Massa

300 g de bolacha integral água e sal
2 colheres (sopa) de frutose
3 colheres (sopa) de manteiga em temperatura ambiente

Recheio

3 xícaras de maçã Fuji sem casca em cubos de 1 cm
1/4 de xícara de frutose
1 colher (sopa) de ágar-ágar (gelatina)
1/4 de xícara de água
1 xícara de iogurte escorrido (ver p. 107) ou coalhada
3 xícaras de ricota (de preferência da marca Gióia)

Calda

1 colher (sopa) de maisena
1 colher (sopa) de água
2 maçãs Fuji com casca em cubos de 0,5 cm
2 xícaras de suco de maçã
1/2 xícara de frutose

Massa Bata as bolachas com a frutose no processador de alimentos até obter uma farinha grossa. Acrescente a manteiga e bata novamente. Forre o fundo da fôrma e reserve. **Recheio** Numa panela, junte a maçã e a frutose e cozinhe por 10 minutos. Retire do fogo e deixe esfriar. Enquanto isso, dissolva o ágar-ágar na água e leve ao fogo bem baixo, misturando continuamente até que se dissolva por completo. Bata o iogurte com a ricota no processador e acrescente o ágar-ágar dissolvido. Aperte a tecla pulsar. Coloque numa tigela, junte a maçã e misture. Distribua sobre a massa e leve à geladeira por no mínimo 1 hora. **Calda** Dissolva a maisena na água e reserve. Numa panela, cozinhe a maçã, o suco de maçã e a frutose por 5 minutos. Acrescente a maisena dissolvida e cozinhe por mais 1 minuto. Deixe esfriar e leve à geladeira. **Finalização** Desenforme a cheesecake num prato e sirva com a calda fria.

Terrine de figo com calda de framboesa

rendimento: 12 fatias
material: 1 fôrma para pão de 26 x 13 x 5 cm

Terrine

2 xícaras de framboesa congelada
3 xícaras mais 2 colheres (sopa) de água
1 colher (sopa) de ágar-ágar (gelatina)
3/4 de xícara de suco de uva
16 figos frescos quase maduros mas firmes,
sem casca, cortados ao meio

Calda de framboesa

300 ml de suco de framboesa
1/3 de xícara de suco de uva
4 figos secos em cubinhos de 0,5 cm
1 colher (sopa) de maisena
2 colheres (sopa) de água
1/3 de xícara de mel

Terrine Numa panela, coloque a framboesa e 3 xícaras da água e cozinhe em fogo alto por 10 minutos. Desligue o fogo, deixe amornar e passe o suco por uma peneira. O conteúdo deverá estar reduzido a 600 ml (2 1/3 de xícara). Reserve metade desse suco para a calda. Numa tigela pequena, dissolva o ágar-ágar na água restante. Misture o suco de framboesa não reservado (300 ml), o suco de uva e o ágar-ágar. Forre o fundo da fôrma com o figo, deixando a parte interna da fruta voltada para baixo, cubra com um pouco do suco de framboesa, coloque outra camada de figo e cubra novamente com o suco, e assim sucessivamente até terminar o figo. Cubra e leve à geladeira por 12 horas. **Calda de framboesa** Numa panela, coloque o suco de framboesa reservado, o suco de uva e o figo seco. Leve ao fogo até ferver. Acrescente a maisena dissolvida na água, abaixe o fogo e cozinhe por 5 minutos, mexendo. Deixe esfriar e acrescente o mel. **Finalização** Para desenformar, passe uma faquinha nas laterais de toda a terrine e vire a fôrma num prato. Sirva com a calda de framboesa.

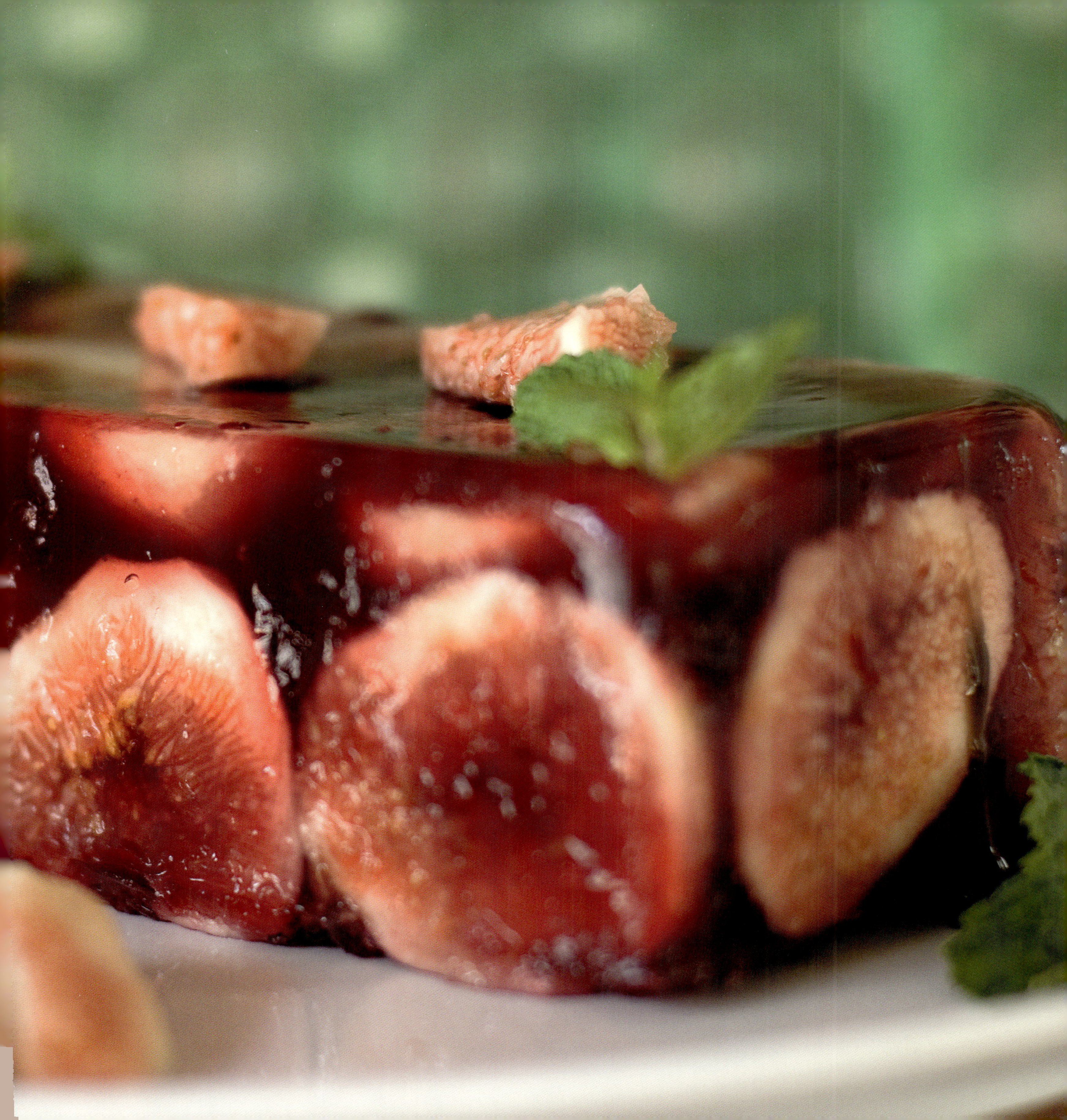

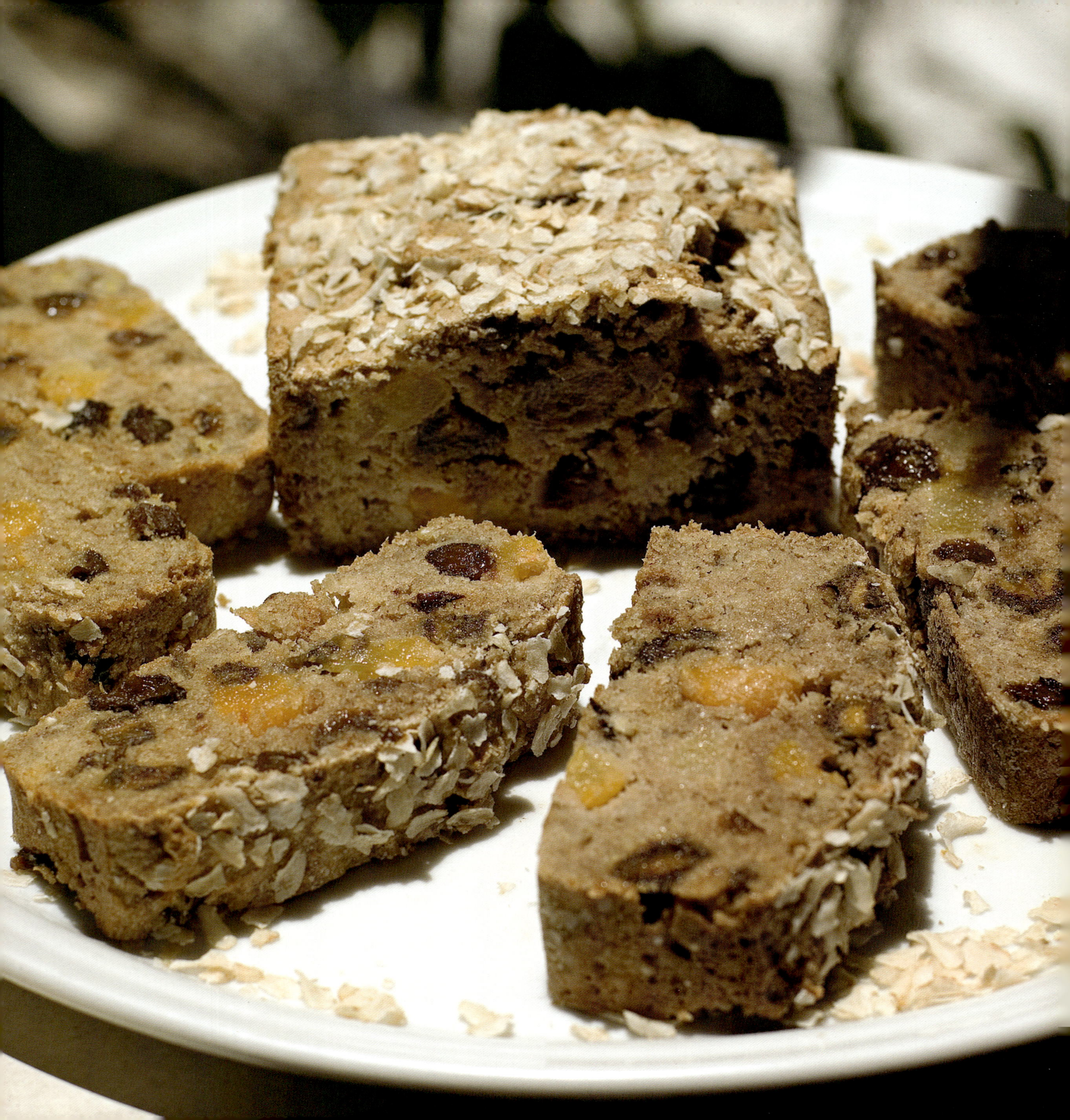

Bolo de quinoa com frutas secas e leite de arroz e amêndoa

rendimento: 10 a 12 fatias
material: 1 fôrma de pão de 26 x 13 x 5 cm

1 1/2 xícara de leite de arroz com amêndoa
1 1/2 xícara de flocos de quinoa
1 xícara de frutas secas picadas (ameixa, uva-passa, banana passa, damasco)
1 banana-nanica amassada
1 xícara de farinha de arroz integral
1 colher (chá) de bicarbonato de sódio
1 colher (chá) de fermento biológico em pó
1 colher (chá) de canela em pó
1 colher (sopa) de flocos de arroz
óleo de girassol para untar

Numa tigela, coloque o leite de arroz e os flocos de quinoa e deixe descansar por 5 minutos para absorver a umidade. Acrescente as frutas secas e misture os ingredientes restantes (menos os flocos de arroz). Coloque a massa na fôrma untada. Polvilhe com flocos de arroz e asse em fogo médio (180ºC) preaquecido por aproximadamente 30 minutos. Desenforme depois de frio.

Müesli suíço

rendimento: 6 porções

1/2 xícara de uva-passa preta
1/2 xícara de ameixa seca sem caroço
2 xícaras de água
2 xícaras de aveia em flocos prensada
1 colher (chá) de semente de linhaça dourada deixada de molho por 8 horas
1/3 de xícara de mel
1 maçã sem casca em cubinhos
2 xícaras de iogurte natural (ver p. 107)
canela em pó para polvilhar

Numa panela, coloque a uva-passa, a ameixa e metade da água. Ferva, abaixe o fogo e cozinhe por 10 minutos. Retire do fogo e deixe esfriar. Numa tigela, junte a aveia e a água restante e hidrate por 15 minutos. Misture a aveia com as frutas secas, a linhaça, o mel e a maçã. Acrescente o iogurte e leve à geladeira por 45 minutos a 1 hora. Sirva em taças individuais, polvilhado com canela.

Torta de ameixa, banana e tofu

rendimento: 12 fatias

material: 1 fôrma redonda de aro removível com 26 cm de diâmetro

Massa

1/2 xícara de farinha de trigo branca

1/2 xícara de farinha de trigo integral

1/2 xícara de aveia em flocos

2 colheres (sopa) de óleo de girassol

1 colher (sopa) de linhaça dourada moída

1/4 de xícara de água

farinha de trigo branca para enfarinhar

Recheio

3 xícaras de ameixa seca sem caroço

4 xícaras de água

17 bananas-nanicas maduras em rodelas

Cobertura

3 xícaras de tofu

1/2 colher (chá) de essência de baunilha

1/2 xícara de frutose

2 bananas-nanicas cortadas ao meio no sentido longitudinal para enfeitar

canela em pó para polvilhar

Massa Numa tigela, misture todos os ingredientes, menos a água. Adicione a água aos poucos, misturando com as mãos até formar uma massa homogênea. Forme uma bola, abra a massa com um rolo sobre uma superfície enfarinhada. Forre o fundo e os lados da fôrma e reserve. **Recheio** Numa panela, coloque a ameixa e a água. Ferva, abaixe o fogo e cozinhe por 15 minutos. Deixar esfriar. Reserve 10 ameixas inteiras para enfeitar. Coloque as ameixas restantes no processador de alimentos. Aperte a tecla pulsar até formar um creme. Reserve. **Cobertura** Coloque o tofu, a baunilha e a frutose no processador de alimentos e bata até formar um creme sedoso e homogêneo. Reserve. **Finalização** Espalhe as rodelas de banana sobre a massa da torta. Cubra com a ameixa processada. Coloque mais uma camada de banana e cubra com o creme de tofu. Coloque as 4 metades de banana da borda para o centro, formando uma cruz. Asse em forno médio (180ºC) preaquecido por 35 minutos. Retire do forno, deixe esfriar e leve à geladeira. Desenforme apenas no dia seguinte, colocando num prato de servir. Polvilhe com canela e decore com as ameixas.

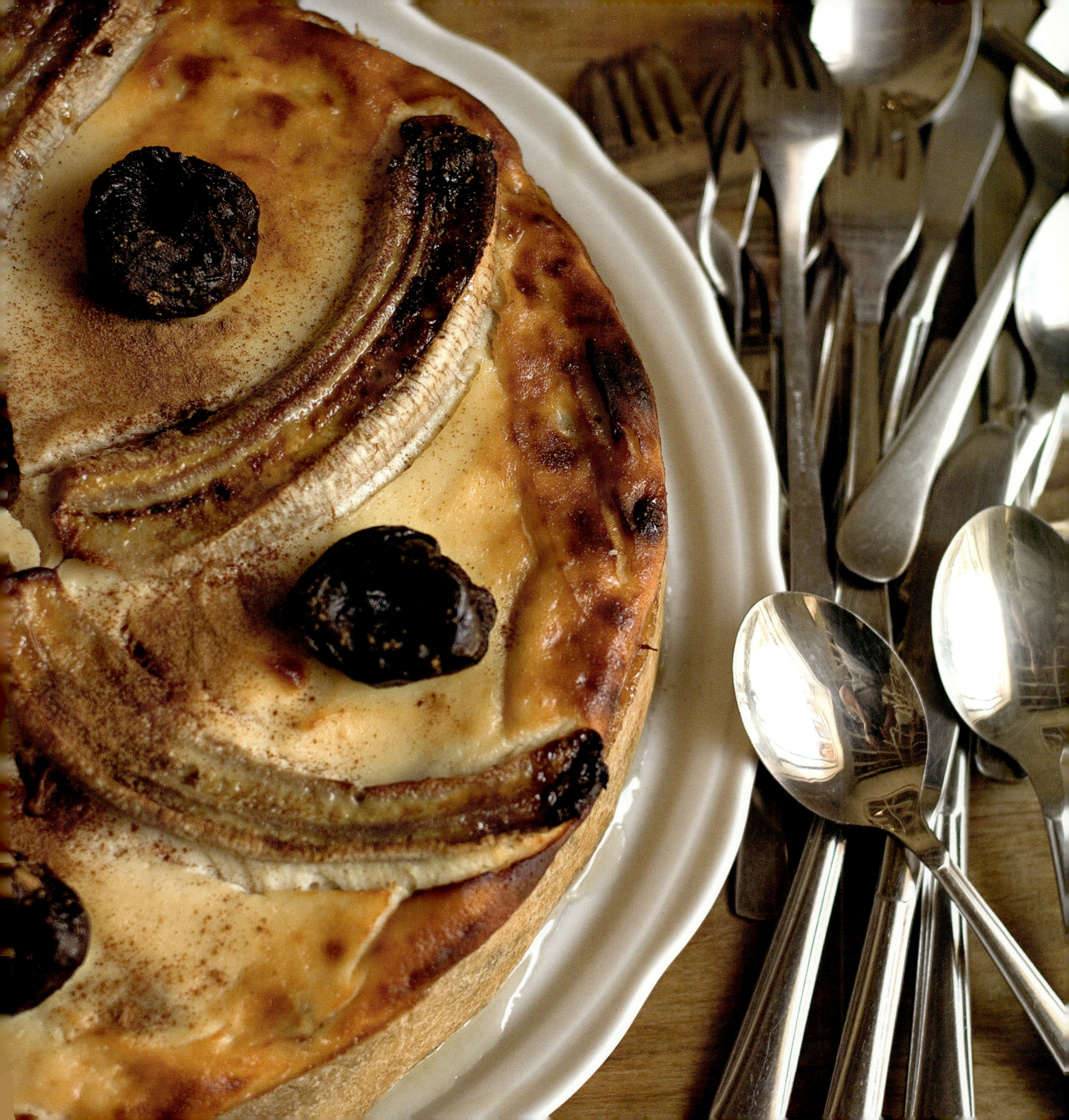

receitas básicas

Espinafre salteado
rendimento: 4 porções

1 colher (sopa) de azeite de oliva extravirgem
1/4 de xícara de cebolinha (parte branca) picada
4 xícaras (2 maços) de folhas de espinafre
1 colher (chá) de sal marinho
1/2 colher (chá) de pimenta rosa moída

Numa frigideira, coloque o azeite e a cebolinha e doure por 5 minutos. Adicione o espinafre e salteie por 5 minutos. Acrescente o sal e a pimenta e misture. Sirva imediatamente.

Caldo de legumes
rendimento: 1 litro

2 litros de água filtrada
3 xícaras de talos e pedaços de legumes e folhas (salsão, cenoura, mandioquinha, abóbora, brócolis, tomate, cebola, salsinha etc.)

Numa panela, junte todos os ingredientes. Quando ferver, cozinhe por 30 minutos em fogo médio. Coe.
Dica Utilize restos de verduras e legumes que estiver utilizando no pré-preparo de sua receita e acrescente outros para enriquecer. O caldo de legumes pode ser congelado.

Molho de tomate
rendimento: 1 litro

12 tomates
2 dentes de alho
1 cebola pequena cortada ao meio
4 xícaras de caldo de legumes (ver p. 128)
2 colheres (sopa) de azeite de oliva extravirgem
1 colher (chá) de sal marinho
1 colher (sopa) de mel
1 colher (sopa) de folhas de manjericão

Numa panela, junte o tomate, o alho, a cebola e o caldo de legumes. Quando ferver, abaixe o fogo e cozinhe por 20 minutos. Deixe esfriar um pouco. Bata no liquidificador. Peneire e leve de volta à panela. Quando ferver, abaixe o fogo e cozinhe por mais 25 minutos. Retire do fogo, acrescente o azeite, o sal, o mel e o manjericão e misture.

Mix de verduras salteadas
rendimento: 4 porções

1 colher (sopa) de azeite de oliva extravirgem
1/4 de xícara de cebolinha (parte branca) picada
1 xícara de escarola em tiras finas
1 xícara de repolho em tiras finas
1 xícara de folhas de espinafre
1 xícara de acelga em tiras finas
1 colher (chá) de sal marinho

Numa frigideira, coloque o azeite e a cebolinha e doure por 5 minutos. Adicione as verduras e salteie por 5 minutos. Acrescente o sal e misture. Sirva imediatamente.

Acelga chinesa salteada

rendimento: 4 porções

1 colher (sopa) de azeite de oliva extravirgem
1/4 de xícara de alho-poró em rodelas finas
4 xícaras (4 maços) de acelga chinesa em tiras finas
1 colher (chá) de sal marinho
1/2 colher (chá) de pimenta rosa moída

Numa frigideira, coloque o azeite e doure o alho-poró por 5 minutos. Coloque a acelga e salteie por 5 minutos. Acrescente o sal e a pimenta e misture. Sirva imediatamente.

Brócolis salteados

rendimento: 4 porções

1 colher (sopa) de azeite de oliva extravirgem
1 dente de alho pequeno picado
4 xícaras (2 maços) de brócolis em floretes
1/2 colher (chá) de sal marinho

Numa frigideira, coloque o azeite e refogue o alho até dourar. Junte os brócolis e salteie por 5 minutos. Acrescente o sal e misture. Sirva imediatamente.

Mostarda salteada com redução de balsâmico

rendimento: 4 porções

1 xícara de vinagre balsâmico
1 colher (sopa) de açúcar demerara
1 colher (sopa) de azeite de oliva extravirgem
4 xícaras (2 maços) de mostarda em tiras finas
1 colher (chá) de sal marinho

Numa panela, coloque o vinagre e o açúcar e cozinhe por 10 minutos, mexendo de vez em quando para não grudar. Desligue o fogo e deixe esfriar. O rendimento será de 1/4 de xícara. Numa frigideira, coloque o azeite e a mostarda e salteie por 5 minutos. Acrescente o sal e misture. Sirva imediatamente com um fio da redução sobre cada porção.

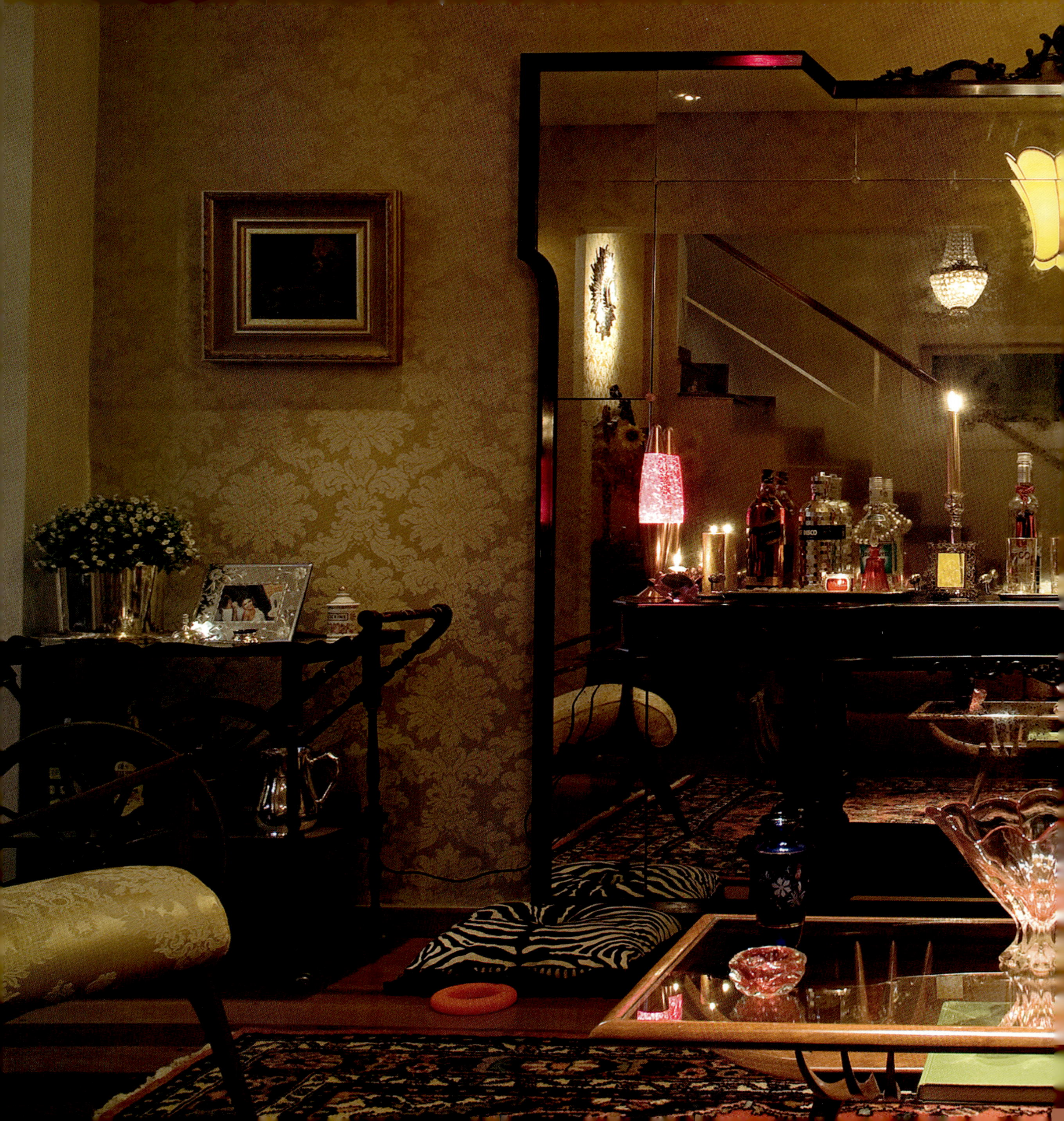

uma festa vegetariana

Uma festa vegetariana
por Tatiana Cardoso

Culinária é pura transformação, e a cozinha, um lugar onde se realizam poderosas alquimias. Picamos, salteamos, cozinhamos, reduzimos, amassamos, temperamos, enfeitamos...

Nesse processo de destruição e reconstrução de todo tipo de ingrediente *in natura*, nossos vegetais – legumes, verduras, grãos e frutas – são lentamente transformados. É isso o que mais me fascina na gastronomia.

Cubos de abobrinha são levados ao forno para depois receber castanhas moídas, tomates picados, ricota, farinha de aveia e seus devidos temperos. O creme está pronto para entrar na fôrma e assar. Em pouco tempo, temos uma refinada terrine.

Legumes diversos, aparentemente dissonantes, ao serem picados com delicadeza, formam o belo time colorido que recheará o canelone. Tomates orgânicos, com leve sabor adocicado, compõem o molho que fará companhia à massa.

Figos frescos são descascados e colocados inteiros numa fôrma de bolo. Em pouco tempo, viram o centro de nossa salada, cercados de folhas leves e crocantes envoltas num molho cremoso.

O puro leite integral, após um processo de fermentação natural, se transforma em iogurte. Depois de pacientemente escorrido, é batido com mel de laranjeira e se torna um creme dos deuses, capaz de seduzir até o infiel mais convicto. Melhor ainda se acompanhado de uma calda de manga com gengibre ou uma, mais tradicional, de frutas vermelhas.

Num dia de festa, não são só os alimentos que se transformam. Nossa casa também é preparada com muito cuidado e carinho, a começar dos arranjos de flores, da escolha da toalha certa, da mistura das louças, da luz irradiada pelas velas que se espalham pela sala, da trilha sonora que dá o tom da noite. A mudança também passa por nós, que colocamos um vestido de festa, uma maquiagem leve, um perfume sedutor, e no coração, muita alegria e animação. E nos tornamos perfeitos anfitriões, prontos para receber nossos amigos.

Eles chegam e se misturam como ingredientes que entram numa mesma receita, dando sabor único à festa. Um bom Prosecco orgânico recepciona os convidados. Inicia-se a degustação dos aperitivos, e o paladar começa a ser provocado com lascas de queijos dos mais diversos sabores, geléia caseira de blueberry orgânica e conserva de pepino.

Um brinde marca o início do jantar.

Mais uma vez, como acontece desde que o mundo é mundo, um grupo de amigos se reúne em volta da mesa para desfrutar o mais singelo dos prazeres. Compartilhar o alimento. Essa é a maior transformação de todas.

Travessas passam de mão em mão, taças se enchem de vinho, comidas se misturam nos pratos, um suave burburinho de histórias que vão sendo contadas.

Nesse instante, quando todos os elementos se juntam, realiza-se a mais nobre função da culinária: gerar a verdadeira felicidade.

Boa festa!

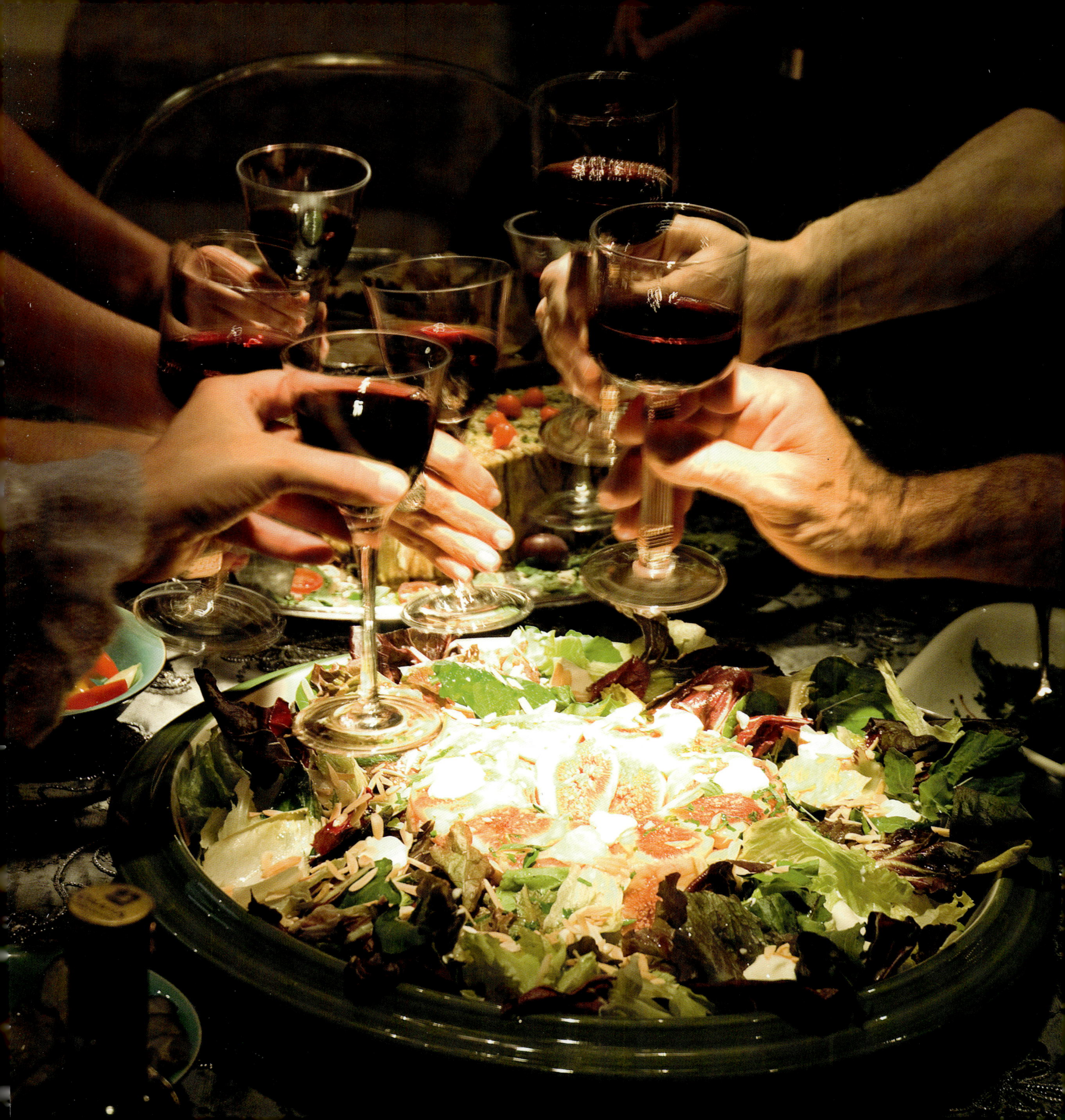

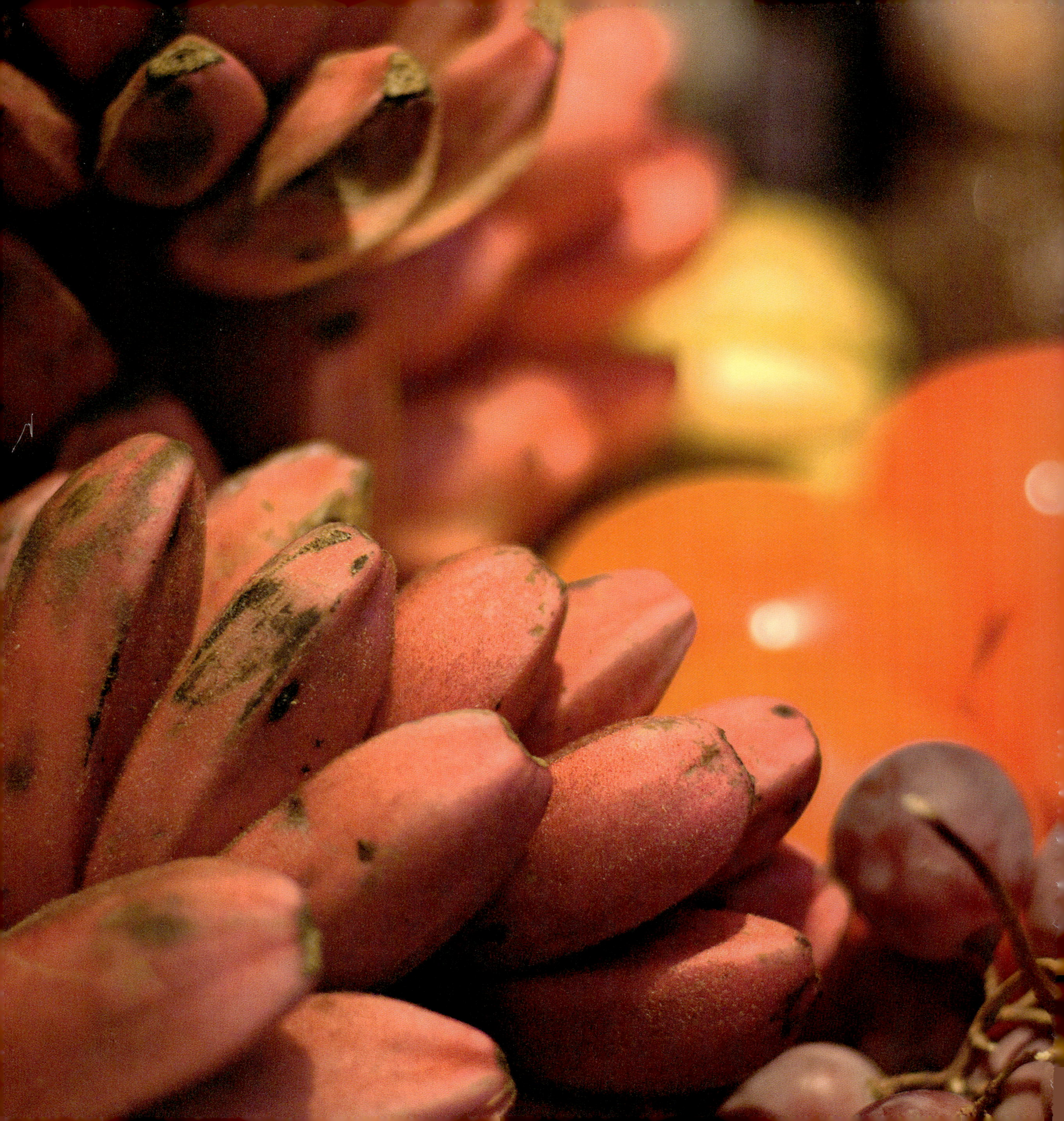

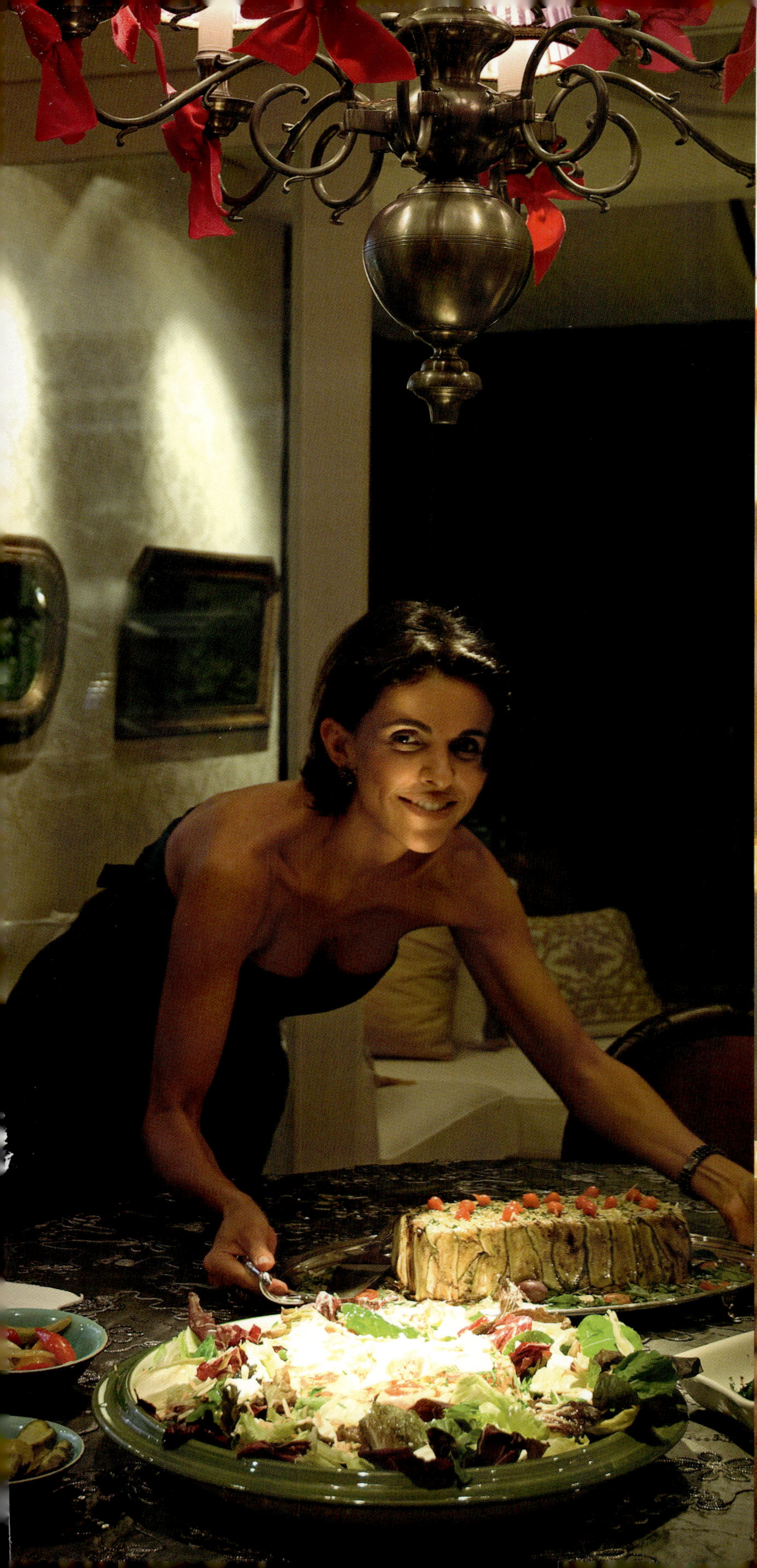

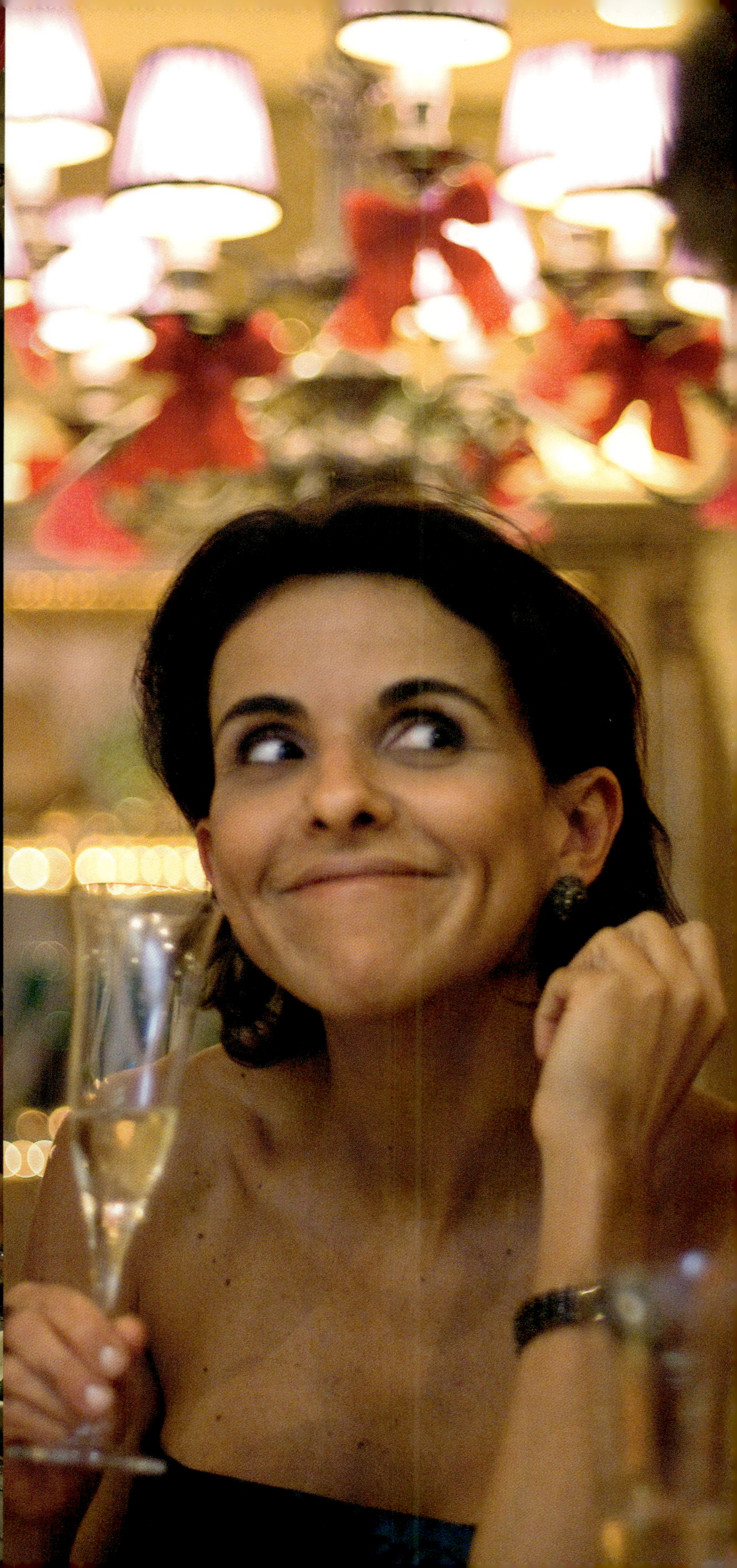

Torta de abobrinha grelhada – p. 83

Torta de amêndoa com geléia de framboesa e frutas da estação – p. 118

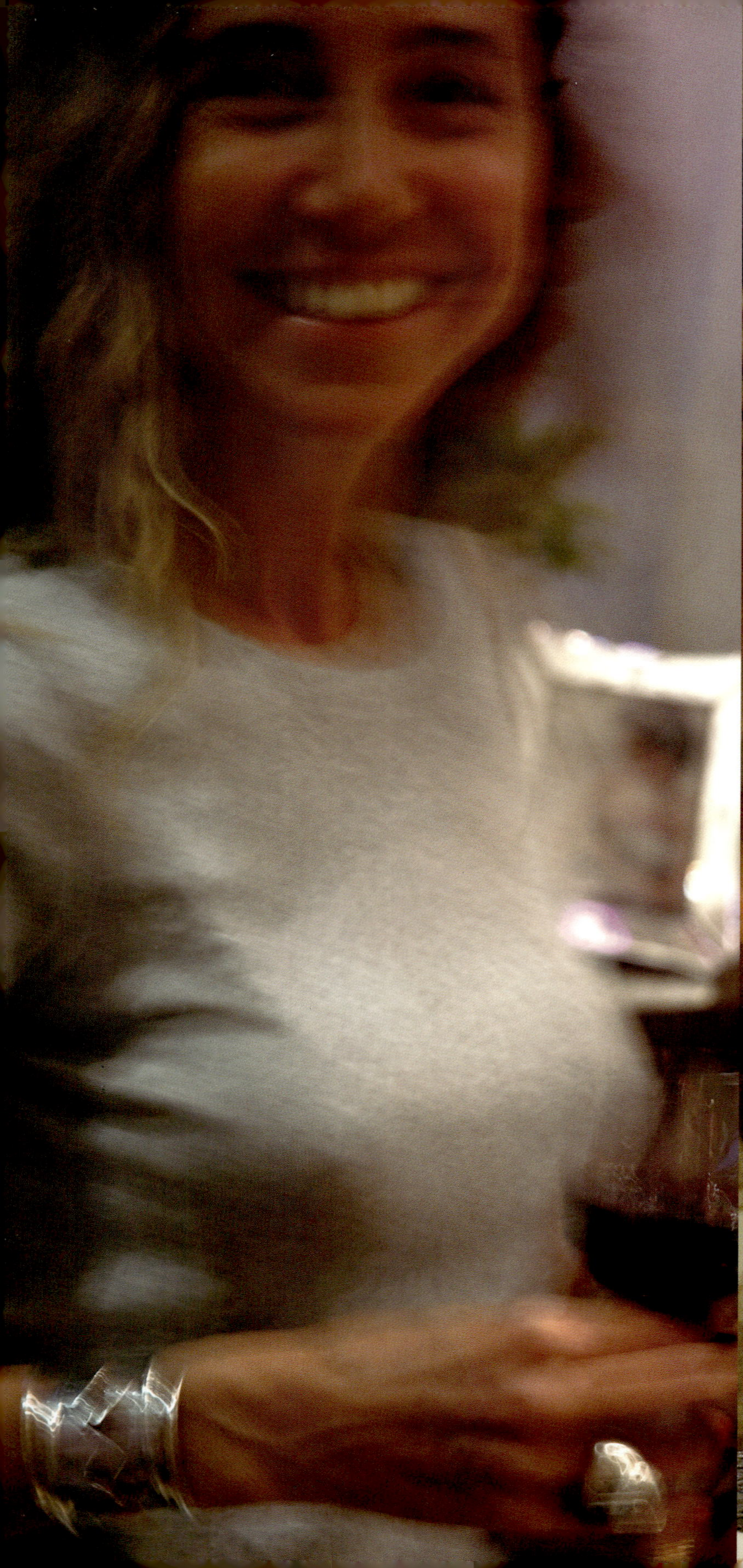

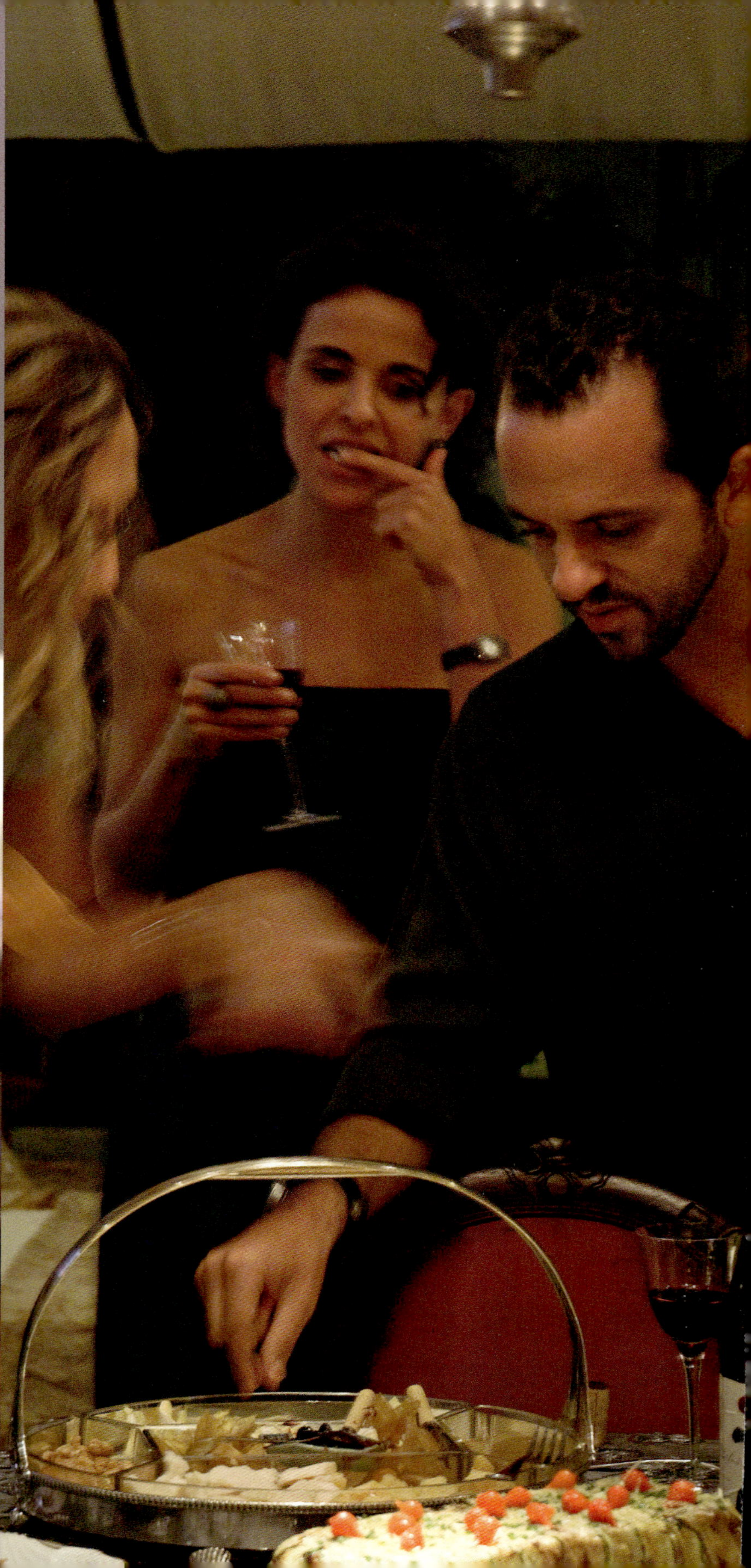

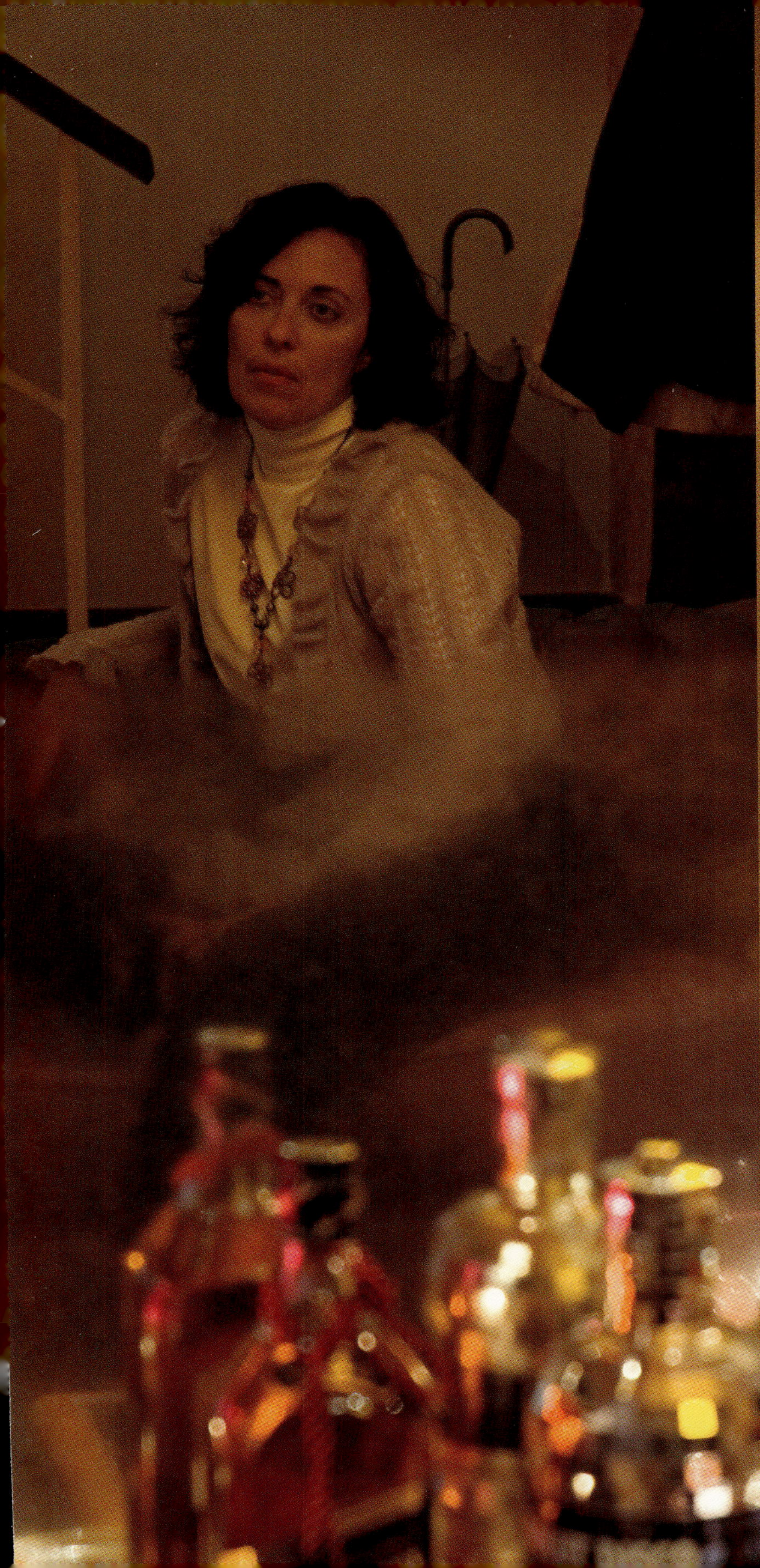
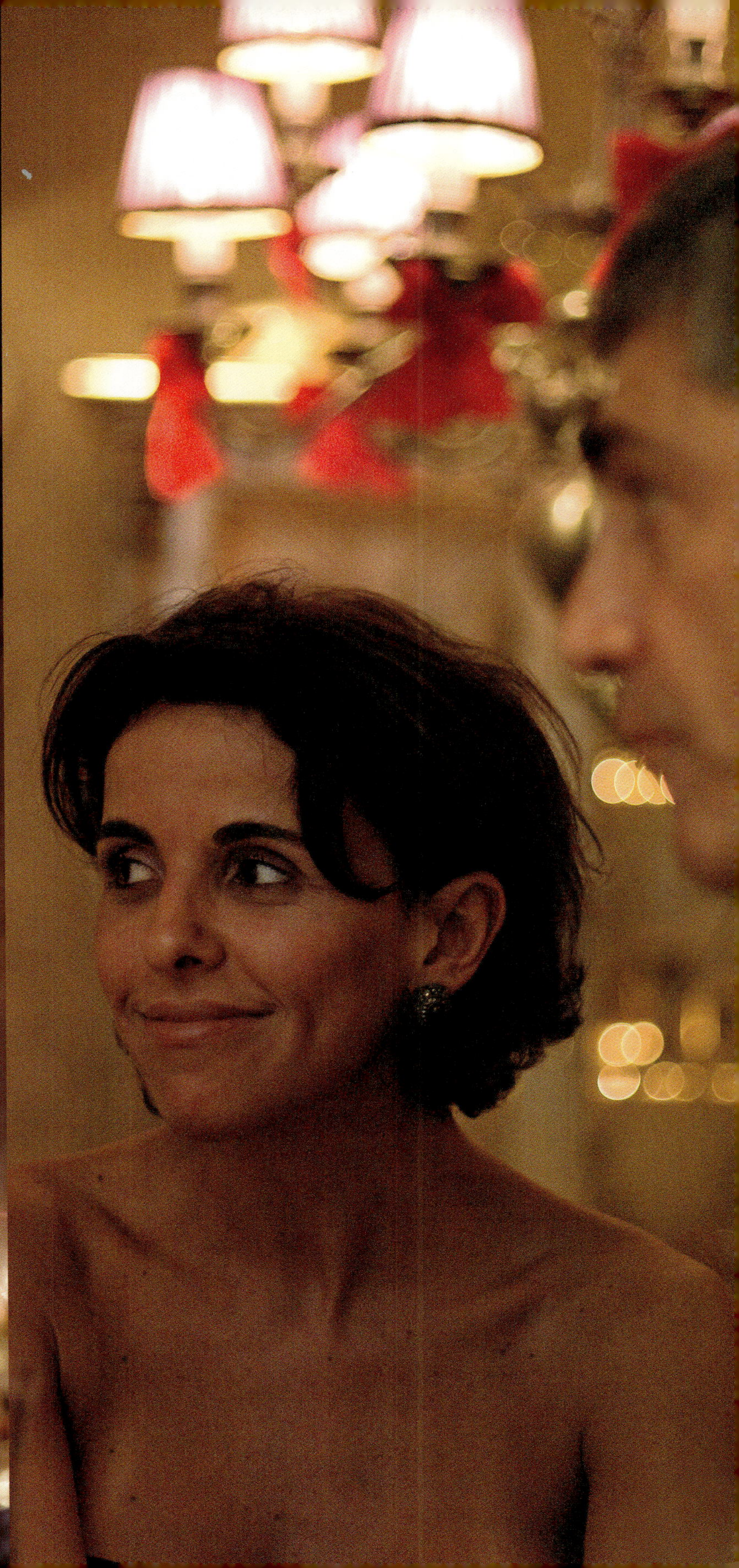

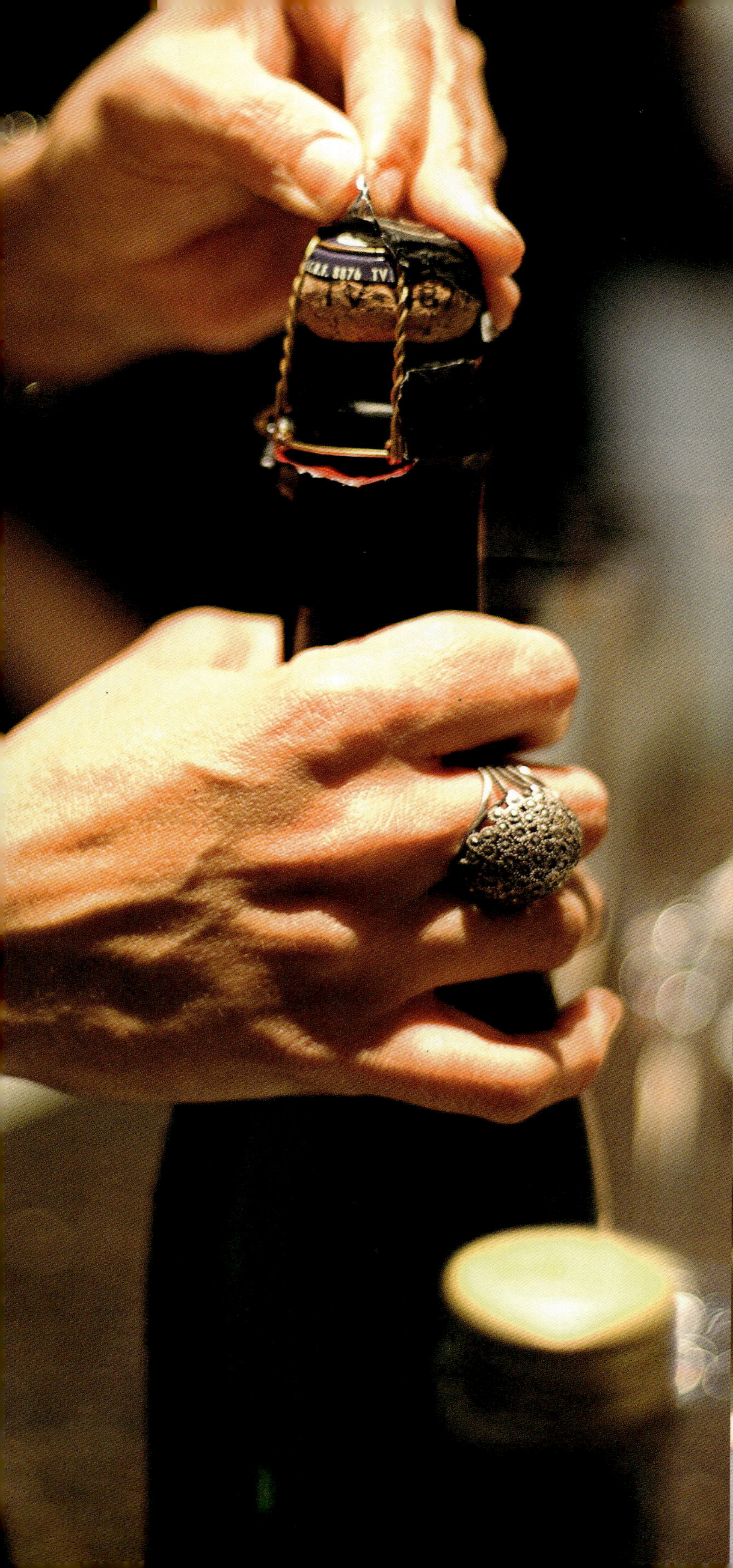
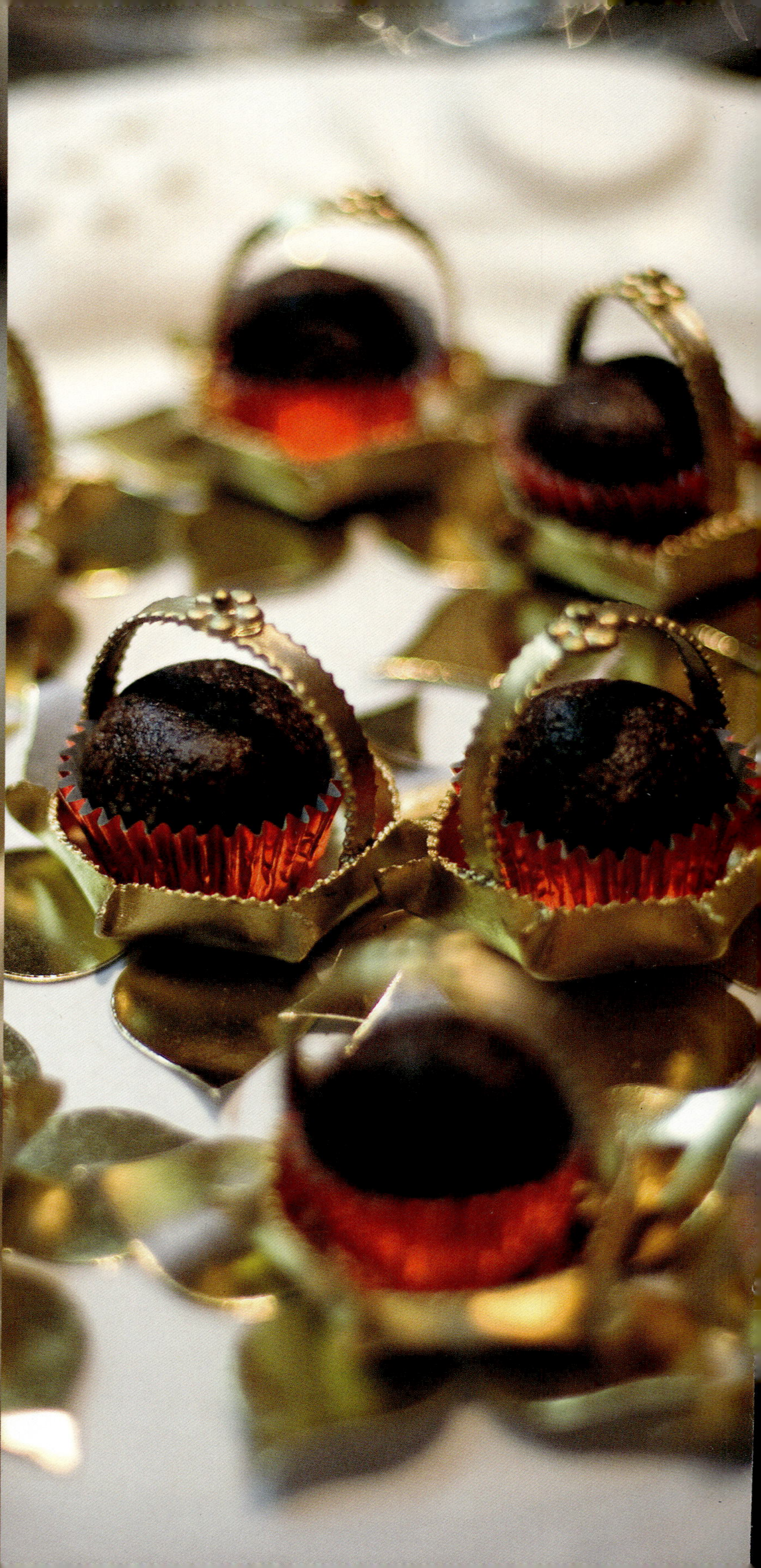

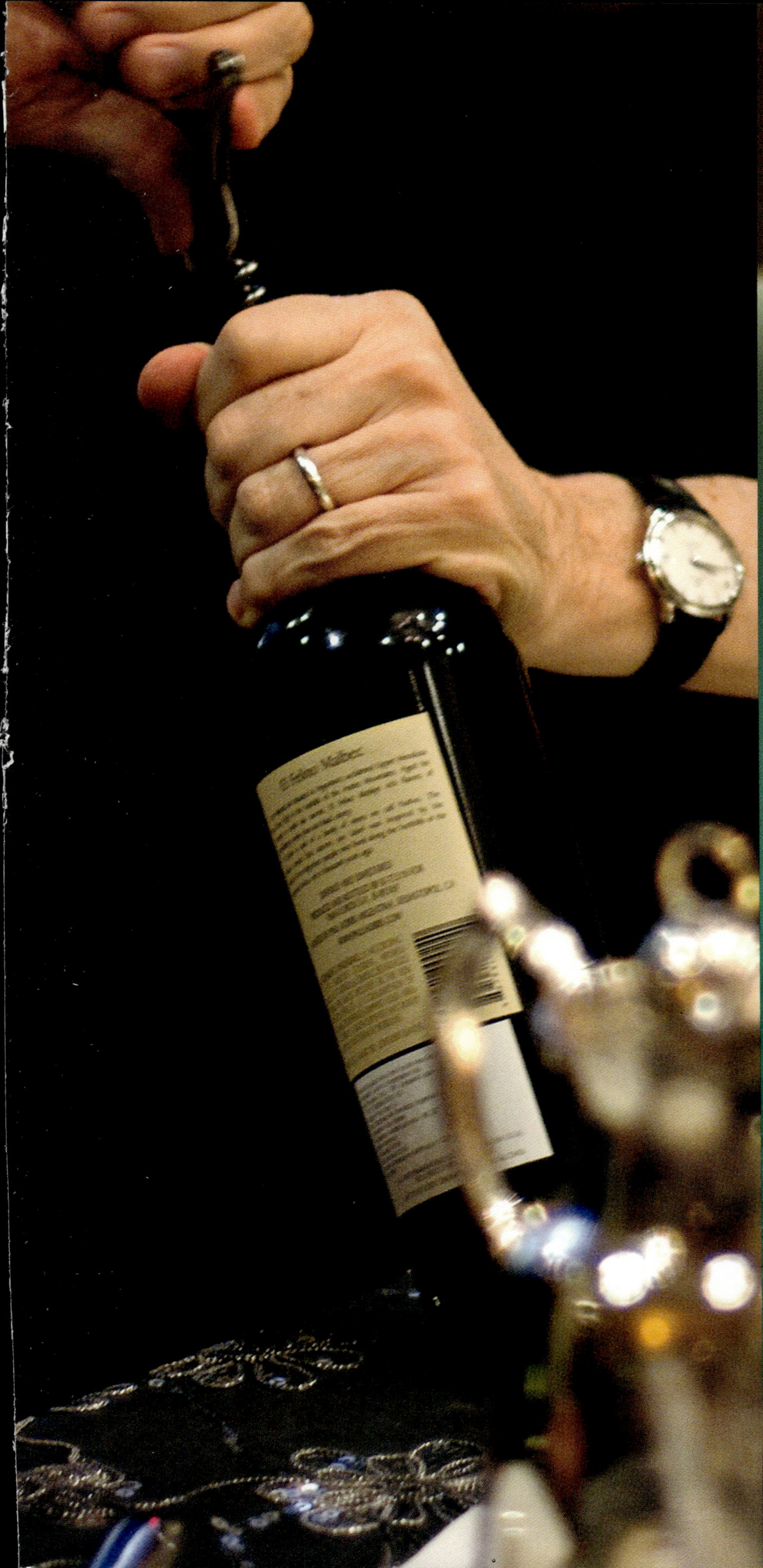
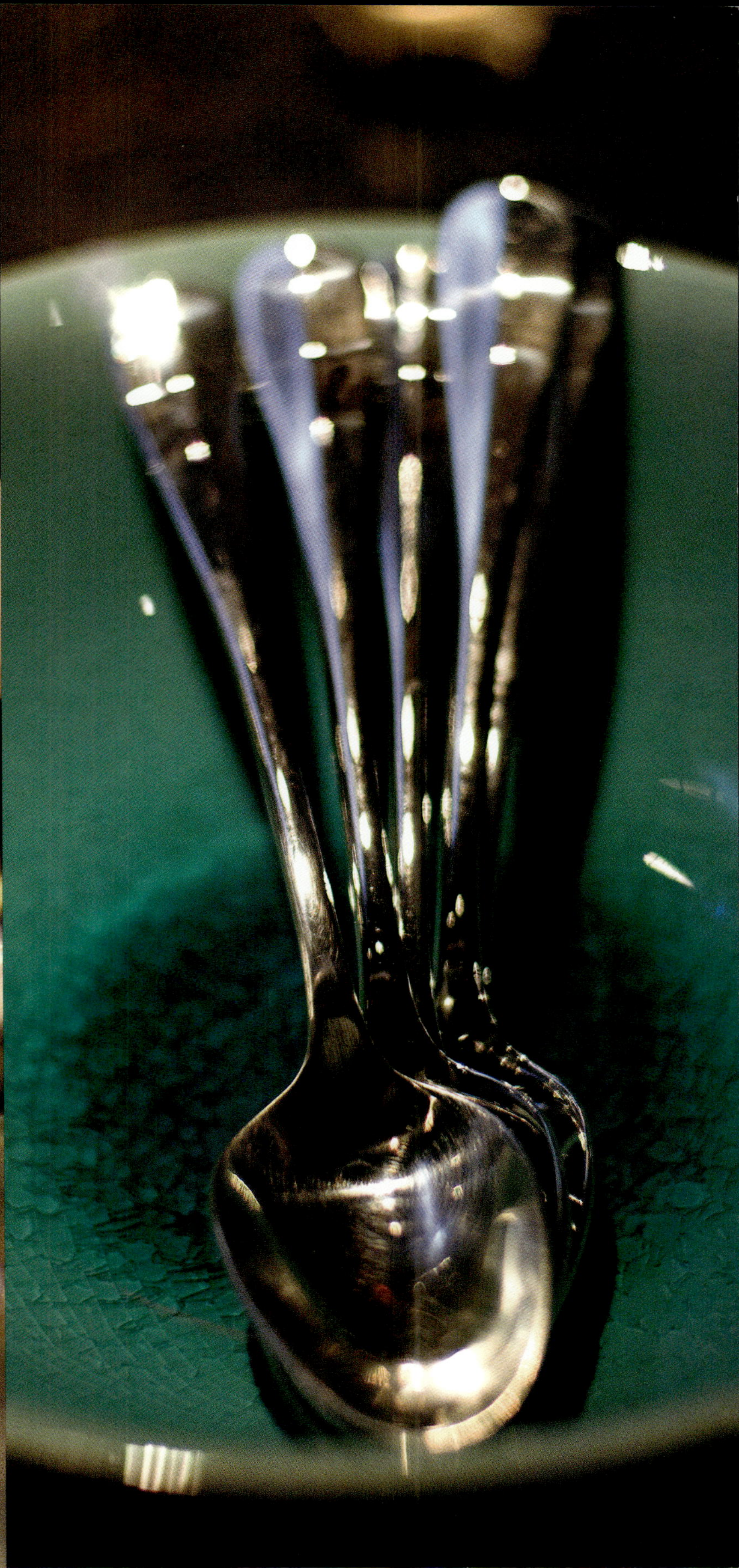

Arroz integral

- 24 arroz integral
- 24 arroz integral com gersal
- 24 arroz integral com linhaça dourada
- 24 arroz integral com bardana
- 25 arroz integral com tomate e abobrinha marinada
- 26 arroz integral com verduras, sementes e molho agridoce
- 28 arroz integral com arroz selvagem, pera e laranja kinkan ao perfume de limão
- 29 arroz integral com bardana, gergelim e castanha-do-pará marinada
- 31 arroz integral com lentilha, especiarias e chutney de manga

Risotos

- 33 risoto de arroz negro, cogumelos e vinho Madeira
- 33 risoto de couve-flor, brócolis, cogumelo e páprica
- 34 paella vegetariana com legumes e cogumelo
- 37 risoto de beterraba com castanha-do-pará, coalhada e dill
- 37 risoto de tomate e cogumelo

Cozidos com grãos

- 38 lentilha libanesa com banana e maçã
- 39 grão-de-bico com tomate, tahine e hortelã
- 41 feijão-azuki com abóbora, nirá e gengibre
- 41 feijão-branco com tomate e ervas
- 43 dahl de ervilha com legumes e curry suave

Cozidos especiais

- 44 cozido de legumes, Portobello e tahine
- 46 cozido de legumes com grão-de-bico e tâmara
- 46 vatapá vegetariano com alga hijiki
- 47 cuscuz de milho com palmito e banana

Grãos nobres

- 48 risoto de quinoa com ervilha fresca, maçã e azeite de salsinha
- 51 trio de quinoas com lentilha rosa, legumes e azeite verde
- 52 risoto de quinoa negra com tomate, shimeji e azeite de coentro
- 54 salada de lentilhas coloridas, maçã e castanha-do-pará
- 54 quinoa com aspargo in natura, tomate marinado e vinagrete de limão rosa
- 56 salada de quinoa com manga, castanha-do-pará, alga e gengibre
- 59 couscous marroquino com grão-de-bico e legumes

Saladas

- 60 salada verde com duas ameixas e molho de framboesa
- 60 salada de ervilha-torta, aspargo e laranja kinkan em vinagrete de limão-cravo e dill
- 63 salada Ceasar vegetariana com alga nori e molho de tofu
- 63 salada verde com figo grelhado e molho de maçã e iogurte
- 67 salada refrescante de pera, queijo de cabra e gengibre
- 68 salada oriental de laranja, alga e sementes

Massas

- 70 espaguete ao leite de amêndoa, manjericão e pimenta rosa
- 70 espaguete com molho de betacaroteno, azeitona e manjericão
- 72 penne ao molho de tahine, grão-de-bico e hortelã
- 72 penne com ricota, tomate marinado, trio de ervas e alho assado
- 75 espaguete com abacaxi grelhado, hortelã e molho de limão
- 75 penne ao pesto de dois tomates e manjericão
- 76 espaguete com abóbora assada e molho de salsinha
- 78 polenta italiana com ragù de lentilha e amêndoa

Tortas e terrines

- 81 torta de abóbora com ricota e mussarela de búfula
- 82 terrine de iogurte, tahine e berinjela
- 83 torta de berinjela grelhada
- 83 torta de abobrinha grelhada
- 84 torta de legumes e queijo
- 86 torta de espinafre, ricota e cebola caramelizada

Assados

88 fundo de alcachofra com recheio de quinoa ao limão
90 samosa de berinjela com cenoura e curry
91 hambúrguer de quinoa com legumes
92 hambúrguer de trigo com berinjela e amêndoa
94 quibe de trigo com verduras e ricota
95 quibe de quinoa com abóbora e shimeji

Pratos feitos

96
risoto de couve-flor, brócolis, cogumelo e páprica
lentilha libanesa com banana e maçã
samosa de berinjela com cenoura e curry
mix de verduras salteadas

98
arroz integral com linhaça dourada
feijão-branco com tomate e ervas
torta de abobrinha grelhada
espinafre salteado

99
arroz integral com bardana
grão-de-bico com tomate, tahine e hortelã
torta de legumes e queijo
mostarda com redução de balsâmico

100
arroz integral com bardana, gergelim e castanha-do-pará marinada
cozido de legumes com grão-de-bico e tâmara
quibe de trigo com verduras e ricota
acelga chinesa salteada

101
arroz integral com gersal
feijão-azuki com abóbora, nirá e gengibre
hambúrguer de quinoa com legumes
brócolis salteados

Sobremesas

103 bolo de cacau com morango e cobertura negra de abacate
104 torta de banana
107 iogurte com mel e calda de frutas vermelhas
110 cheesecake de tangerina com calda de anis-estrelado
112 torta de frutas tropicais secas com amêndoa
113 torta de laranja, cacau e gengibre
114 torta de pêssego e linhaça dourada
116 pavê de abacaxi com coco
118 torta de amêndoa com geléia de framboesa e frutas da estação

Sobremesas sem açúcar

121 pera cozida com melado orgânico, baunilha e mascarpone de queijo de cabra
121 espetinhos de frutas com calda quente de cacau e mel
122 cheesecake de maçã
122 terrine de figo com calda de framboesa
125 bolo de quinoa com frutas secas e leite de arroz e amêndoa
125 müesli suíço
126 torta de ameixa, banana e tofu

Receitas básicas

128 espinafre salteado
128 caldo de legumes
128 molho de tomate
128 mix de verduras salteadas
129 acelga chinesa salteada
129 brócolis salteados
129 mostarda salteada com redução de balsâmico

Editor
Alexandre Dórea Ribeiro

Editora executiva
Andrea M. Santos

Coordenação editorial
Adriana Amback

Assistente editorial
Gustavo Veiga

Fotografias
Romulo Fialdini

Direção de arte
Emanuel Della Nina (Estúdio DBA)

Projeto gráfico
Débora Setton (Estúdio DBA)

Capa
Victor Burton

Revisão
Mário Vilela
Norma Marinheiro

Pré-impressão
Prata da Casa

Impressão
Prol Gráfica

Dados Internacionais de Catalogação na Publicação (CIP)
(Câmara Brasileira do Livro, SP, Brasil)

Cardoso, Tatiana
Cozinha natural gourmet / a culinária de Tatiana Cardoso e o restaurante Moinho de Pedra ; fotografias Romulo Fialdini . -- São Paulo : DBA Artes Gráficas, 2009.
ISBN 978-85-7234-402-9

1. Culinária vegetariana 2. Receitas I. Fialdini, Romulo. II. Título.

09-08811   CDD-641.5636

Índices para catálogo sistemático: 1. Receitas vegetarianas : Culinária 641.5636

Copyright © 2009 DBA Dórea Books and Art

Reservados todos os direitos desta obra. Proibida toda e qualquer reprodução dessa edição por qualquer meio ou forma, seja eletrônica ou mecânica, seja fotocópia, gravação ou qualquer meio de reprodução, sem permissão expressa do editor.

DBA Impresso no Brasil
DBA Dórea Books and Art
Al. Franca, 1185 cj. 31/32 • cep 01422-001
Cerqueira César • São Paulo • SP • Brasil
Tel.: (55 11) 3062 1643 • fax: (55 11) 3088 3361
dba@dbaeditora.com.br • www.dbaeditora.com.br